Oratoria Consciente

Diseño de tapa:
ESTUDIO OLIVIERI

ARIEL EDUARDO GOLDVARG

Oratoria Consciente

Cómo lograr presentaciones orales
que ilustren, inspiren y sorprendan

GRANICA

ARGENTINA - ESPAÑA - MÉXICO - CHILE - URUGUAY

© 2017 *by* Ediciones Granica S.A.

ARGENTINA
Ediciones Granica S.A.
Lavalle 1634 3° G / C1048AAN Buenos Aires, Argentina
Tel.: +54 (11) 4374-1456 - Fax: +54 (11) 4373-0669
granica.ar@granicaeditor.com
atencionaempresas@granicaeditor.com

MÉXICO
Ediciones Granica México S.A. de C.V.
Valle de Bravo N° 21 El Mirador Naucalpan Edo. de Méx.
53050 Estado de México - México
Tel.: +52 (55) 5360-1010 - Fax: +52 (55) 5360-1100
granica.mx@granicaeditor.com

URUGUAY
Tel: +59 (82) 712 4857 / +59 (82) 712 4858
granica.uy@granicaeditor.com

CHILE
Tel.: +56 2 8107455
granica.cl@granicaeditor.com

ESPAÑA
Tel.: +34 (93) 635 4120
granica.es@granicaeditor.com

www.granicaeditor.com

ISBN 978-950-641-929-5

Hecho el depósito que marca la ley 11.723

Impreso en Argentina. *Printed in Argentina*

Goldvarg, Ariel Eduardo
  Oratoria consciente : cómo lograr presentaciones orales que
ilustren, inspiren y sorprendan / Ariel Eduardo Goldvarg. - 1a ed . -
Ciudad Autónoma de Buenos Aires : Granica, 2017.

  272 p. ; 22 x 15 cm.

  ISBN 978-950-641-929-5

  1. Oratoria. I. Título.
CDD 808.51

ÍNDICE

AGRADECIMIENTOS

Sin duda, para muchos hay experiencias difíciles en la vida, como despedirse, reconocer un error, pedir perdón, etc. Agradecer no escapa a la lista, sobre todo cuando la gratitud queda grabada en un libro para la posteridad. Por esa razón y para no desentenderme de espantosas omisiones que por falta de reconocimiento quedarán como un acto de injusticia de mi parte, quiero agradecerte silenciosamente a ti. Sí, sí, a ti que estás leyendo ahora estas líneas y que al hacerlo me permites honrar a quienes contribuyeron de una u otra forma a esta obra. Titánica tarea la de agradecer; con el agravante culpógeno de mi condición de muchacho judío. Todo un acervo cultural sobre mis espaldas, que aún no termino de elaborar. Ya llegará el día; mientras tanto, me alegra agradecer, no sin antes disculparme ante aquellos olvidos posibles...

Puedo hallar cientos de referentes de quienes he aprendido y que fueron como un faro para que hoy sea quien soy. Pero todos ellos no son más que la expresión de las cualidades que admiro y puedo reconocer tan cerquita de mi corazón y tan a la mano. Todas ellas están presentes en mi familia. Todas, toditas, todas.

En Mauricio (Tito), mi papá, que con su calidad humana y su simpatía logra conectarse tan fácilmente con las personas, sin importar de dónde sean. Admiro su capacidad para adaptarse a cualquier estilo de interlocutor y su sentido del humor que desde chico me encantó. Sabe leer con simpleza las situaciones y encontrar la mirada práctica que las resuelva. En Norma, mi mamá, su aguda inteligencia y compromiso profundo con cada tarea que encara me enseñaron a no conformarme con la ligereza de las cosas y mirar más allá para encontrar mi lugar auténtico en lo que sea que haga. Incluso en mi búsqueda espiritual, que pudo haber empezado desde muy pequeño, cuando me ayudaba a conectarme conmigo y con mi cuerpo enseñándome ejercicios para relajarme cuando me dolía la pancita.

¿Cómo no sentirme honrado también por tener dos hermanos increíbles que me acompañan en cada paso de mi vida? Damián, con su generosidad y empuje constante. Un líder que no pasa inadvertido y deja su huella donde pisa con increíble humildad y compromiso. Destaco su capacidad para mantener la calma en situaciones desafiantes y difíciles. Esteban, con su impronta llamativa, su estilo divertido y su halo de gran tipo, siempre está disponible para otros; espontáneo, ocurrente y de buen talante, no hay lugar donde genere rechazo. Donde pisa genera alegría.

Tobías y Alan, motores de mi inspiración y consciencia. Su imagen cada mañana al levantarme y cada noche antes de dormir me recuerda que una vida a la altura de mí mismo solo puede superarse viviéndola a la altura de ellos. Transito de su mano el desafío de ser padre, descubriendo en mi camino el paso de la vida y la alegría increíble de disfrutar cada momento con ellos. En ellos recupero mi centro y mantengo la entereza para hacer frente a lo que surja. Lorena, mi cuñada, que sabe cuidar los detalles y está siempre atenta hacia el otro. Un modelo de excelencia. Aunque a veces quisiera matarla, aprendo de Lore el valor de las pequeñas cosas que hacen la gran diferencia. Galo, quien me regaló la experiencia de ser tío de sangre, con ternura de sobra para que se derrita hasta el acero más duro cuando sonríe. Andrea, que me regala con su amor de hoy un eterno presente con el hermoso reflejo de mi propia intensidad. Su entrega profunda y su compañía de tantos matices me empuja hacia delante; para crecer y mantenerme siempre despierto.

Con una familia así, no necesito más referentes. Pero sí, compañeros de ruta que fueron dejando pequeñas migas de pan en mi camino para alimentarme con sus enseñanzas, o a pesar de ellas:

Paula Estrada, colega, *partner*, maestra y amiga incondicional que siempre con su amorosidad y optimismo hace más livianas las cosas y me ayuda a sentirme seguro ante los desafíos de cada proyecto. También reconocer a managers como María Laura García, de Tenaris, que fue quien confió en mí el coaching para oradores de lo que fue el primer TEDx corporativo en Argentina. Gracias Walter Atencio, Giovanna D'ambra y su equipo, Laura Lazo y su equipo, y tantos otros clientes amigos que me permiten ser útil y acompañar a su gente para que logren cosas buenas. Laura Lagos, hermana y maestra espiritual que nunca deja de estar presente. Mi primo de Rosario, Ariel Goldvarg (tenía que llamarse exactamente igual que yo) que también confió en mí desde el inicio mismo de TEDx Rosario. Gerry Garbulsky y Melina Furman, que desde el Mundo de las Ideas y TEDx Avenida Corrientes marcaron un antes y un después en mi vida laboral y personal. Pablo Aragone, Ale Marcote, Deby Romero, Ariel Dávila y la grande Mica Akawie, quienes me han acompañado o me acompañan en el camino de la Oratoria Consciente en cada seminario y cada taller. A Sandra Merlo Aliendo, Héctor Olmos, Adriana Torres, Natalia Garrini, Maby Chavez, Flor Altina, Estefanía Gelroth, Aida Frese, Lucy Morend, que confían en mí, tomando el desafío de llevar a sus ciudades los seminarios de Oratoria Consciente. Ricardo Melo, quien me acompaña auspiciando cada evento de Oratoria Consciente. Adriana Penco, que me ayudó a parir con sus correcciones este libro.

Mis queridos Canuto Troppers del alma, que desde adolescente están ahí. Jenny T. Davaroff, que compartió sus técnicas foniátricas en el Anexo del libro.

Alejandro Melamed, quien me regaló su prólogo para este libro, todo un orgullo.

Mis colegas de ACLAT (Asociación de Conferencistas de Latinoamérica), que empujan para hacer del trabajo como orador un espacio de crecimiento y transformación. Alejando Puertas, padrino que me entregó mi diploma de locutor. ¡Soy locutor gracias a ti, hermano! A Alejandro Lyschinsky Kalb y Sonia Sosa Blanco, hermanos incondicionales de mi corazón. A Carlos Kacew, Sergio Strumb, Esteban Davidovich y Claudio Resnik. Mi presente contiene los mejores trazos de sus historias. También a Javier Yunes y Julián Domínguez de TEDx Rosario. Mis amigos del ICP, de GROW, de AXON, de la Escuela de PNL & Coaching, de Aden Business School, del posgrado en coaching de la Universidad San Pablo T (Tucumán) y de la Universidad Siglo 21 de Córdoba, grandes escuelas que siempre confían y han confiado en mí para despuntar mi pasión por enseñar. Colegas entrañables como Elena Espinal, Paulo Baldessari, Noemí Beraja, Mirna D. Mariño, Patricia Rodríguez Bidegain, Ariel Vargas, Silvana Milano, Carola Weiz, Valeria Laborato, María Isabel Santos, Lilian Maitino, Patricia Gutiérrez, Fernando Sáenz Ford, Vanina Soria, Adriana Sánchez, Loli Debenedetti, Clara Beleiro, Héctor Chaskielberg, Jaki Kerlakian, Andrea Vila y José Luis Revah, gran maestro y coach de quien he aprendido tanto a tantos niveles. Su impronta tan particular dejó en mí una huella presente en cada exposición que hago. ¡Gracias por confiar en mí, José! Por supuesto, no pueden faltar todos los participantes de los seminarios y cursos de Oratoria Consciente. Vamos por todo, vamos por más.

Gracias, gracias, gracias…

PRÓLOGO

Con Ariel nos conocemos desde hace muchos años, pero nos reencontramos hace poco. Nos vimos pocas veces en nuestras vidas, pero podría afirmar que nos conectamos y entendemos muy fácilmente.

Compartimos algunas actividades e inmediatamente sintonizamos la misma frecuencia. Entendiendo nuestras diferencias y potenciando nuestras complementariedades.

Con su auténtica y profunda generosidad, me abrió sus brazos para ofrecerme parte de sus conocimientos, y comencé a recibir una catarata de experiencias y sabiduría que me ayudaron mucho en mi desarrollo profesional.

Es alguien que vive lo que predica, expansivo y multifacético, inquieto y provocador.

Peter Senge dijo alguna vez: "Lo que somos trasciende lo que hacemos"; Ariel nos demuestra cómo se materializa este concepto.

En *Oratoria Consciente* integra conocimientos y vivencias significativas, basado en autores reconocidos, pero –fundamentalmente– en todo lo que él fue aprendiendo y experimentando en múltiples y diferenciados contextos.

El texto es una invitación a compartir un camino, despierta curiosidad e interés, y conecta con cada tipo de orador. Habla de contenido, de forma y de contexto, pero esencialmente del Yo. Y creo que ahí está el diferencial. La mayoría de los libros sobre esta temática abordan tanto contenido y forma como contexto, sin embargo, son pocos los que se animan a profundizar en el Yo. Y ahí está su valor agregado y su propuesta superadora.

Lo transmite de una manera rigurosa y directa, simplificando lo complejo y generando una lectura ágil, dinámica y abordable.

Hay una lógica presente todo el tiempo: la conexión con el lector. Es un viaje que se va compartiendo y en el que cada mensaje tiene su razón de ser a lo largo de todo el recorrido.

La humildad que transmite es parte de la esencia misma del modelo que propone, simple (pero no simplista), natural (y auténtico) pero a su vez muy elegante.

Su enfoque está destinado a mejorar la forma, pero fundamentalmente apunta al fondo, a ese Yo que tanto le apasiona. Es ciencia, con disciplina, pero impulsa el arte y la creatividad; cabeza y corazón, ser y hacer; cuerpo, lenguaje y emoción, todo ello en un sutil ensamble que estimula a dar lo mejor de uno mismo, recurriendo al niño que todos llevamos dentro, el Yo más profundo.

Tal vez una buena síntesis de Oratoria Consciente esté en la regla del 100.001 que nos ofrece. A pesar de haber podido escuchar infinidad de veces las ideas y conceptos, esta vez, la 100.001, no tengo dudas de que nos impactará y nos habilitará para que "nos caiga la ficha".

Ariel lo presenta con una lógica ágil, inspiradora, sorprendente e ilustrativa, proponiéndonos atravesar los desafíos de hablar en público y sobreponernos a las escenas más temidas, apuntando al redescubrimiento y crecimiento personal.

Tal vez la palabra que más me resonó de todo el libro fue "osadía". Porque considero que quien presenta debe ser osado para hacerlo y porque creo que para Ariel escribir este libro es un acto de osadía. En hebreo existe una palabra que define mejor aún el concepto: *jutzpá*. Si bien no existe una traducción precisa, en español podría ser insolencia, atrevimiento, descaro, audacia, coraje, valentía, valor, excitación, fervor. Desde mi punto de vista, Oratoria Consciente y Ariel representan cabalmente la idea de *jutzpá*. Porque no nos habla desde el lugar del sabio que sabe todo, sino desde ese coach honesto y transparente que nos desafía permanentemente a partir de una conversación profunda e intensa (y no menos divertida), saliendo de la zona de confort y visitando esos espacios tan especiales.

Para mí, más que un libro de oratoria es un texto de "escuchatoria", porque no hay mejor orador que aquel que sabe escuchar a su audiencia y, como Ariel nos enseña, sobre todo ¡a nosotros mismos!

Alejandro Melamed

Director General de Humanize Consulting. Conferencista reconocido internacionalmente, consultor y referente en temas de estrategia e innovación disruptiva en RRHH, el futuro del trabajo, liderazgo, talento y marca empleadora. Fue VP de RRHH para Latinoamérica Sur de Coca-Cola, Gerente de RRHH y Gestión del Cambio en Molinos Río de la Plata y Consultor Senior en Arthur Andersen.
Autor de *El futuro del trabajo y el trabajo del futuro* (de próxima edición), *Historias y mitos de la oficina* (2015), *¿Por qué no? Cómo conseguir y desarrollar tu mejor trabajo* (2012), *Empresas (+) humanas* (2010), *Empresas depredadoras* (2006), y de numerosos artículos y columnas de opinión sobre organizaciones, talento, liderazgo y vida equilibrada en los principales medios.
Columnista de radio en Perros de la Calle, Metro 95.1.
Contador Público y doctor en Ciencias Económicas, Universidad de Buenos Aires (UBA). Coach Senior (LLC-Fred Kofman). Executive Program Singularity University (Silicon Valley-USA).

PREFACIO

Vivimos tiempos particulares. Cada etapa de la historia tiene su propio sello y su impronta. Más allá de diferentes perspectivas, seguramente podemos coincidir en que este es un tiempo muy dinámico, veloz, exigente.

Muchos de nosotros estamos expuestos a numerosas presiones y ansiedades. Esta época desafía nuestra velocidad para procesar información proveniente de múltiples ángulos. Estímulos de diferentes tenores. Tensiones que nos exponen y presionan cada vez más. La sensación es que todo ocurre muy rápido. Aún no terminamos de entender cómo funcionan las cosas y ya todo cambió. La quietud es una especie de mito que aparentemente solo puede experimentarse cuando tenemos la fortuna de sumergir nuestra cabeza bajo el agua…

A este tipo de público es al que le hablamos cuando hacemos una presentación. Y este tipo de público soy yo mismo cuando me encuentro sentado en una sala como espectador.

Frente a este panorama, nos resulta imprescindible encarar nuestras presentaciones de una manera muy diferente de la acostumbrada. Esta es una época donde la retórica, los juegos dialécticos y los discursos declamatorios han perdido el impacto y poder que tuvieron en la historia. La figura del sabio de pie sobre el estrado declamando inmutables verdades universales ya no tiene el atractivo de antaño. Son cada vez más los casos donde aquellos presentadores que ponderan verdades únicas y reveladas pierden rápidamente la atención de la gente. Estos son tiempos ambiguos e inciertos donde una comunicación con humildad y autenticidad logra mucho mayor impacto que desde la soberbia. No es cuestión de pomposas verdades grandilocuentes. Es cuestión de conciencia. De allí, surgirán, en todo caso, nuevas verdades útiles para los involucrados.

Por eso, necesitamos presentaciones orales que resulten ágiles, porque de otra manera nos dormimos, nos distraemos o simplemente dejamos que nuestra atención se dirija a cualquiera de los otros estímulos a los que estamos expuestos sin cesar.

También necesitamos que nos **inspiren**; es decir, que nos lleven a realizar nuestra propia búsqueda y nos incentiven a recorrer nuestro propio camino.

Asimismo, buscamos que nos **sorprendan**, para movernos fuera de nuestra zona de confort e ir más allá de las típicas preguntas conservadoras: ¿Para qué cambiar, si lo que vemos o escuchamos no nos aporta algo que valga la pena? ¿Para qué mejorar, si con lo que ya tenemos es suficiente? ¿Para qué aprender, si en diez minutos ese concepto será obsoleto? Y una extensa lista de "para qué…". Una presentación que sorprende funciona como un excelente antídoto para disolver resistencias.

Por último, esperamos que nos **ilustren**, que nos dejen un aprendizaje, algún recurso o herramienta para lidiar con nuestras inquietudes, con el vértigo de la actualidad o con nuestros temores.

En síntesis, creo que en estos tiempos que corren, para poder generar algo realmente significativo no alcanza solo con comunicar eficientemente, sino que tenemos que ofrecer una experiencia, y esa experiencia no es una obra exclusiva del presentador, sino que se crea a partir de la conexión con el público y, por sobre todas las cosas, con nosotros mismos.

Llevo muchos años trabajando como coach con personas de diferentes ámbitos. Junto con mis clientes hemos transitado obstáculos de lo más variados; desafíos relacionados tanto con el campo laboral como con las dificultades más personales. La experiencia me ha demostrado que la cuestión central a la hora de comenzar un camino de autosuperación radica en gran medida en el grado de conexión que tenemos con nosotros mismos; es decir, con la capacidad de registro de nuestra realidad, nuestra consciencia. Por eso me he dedicado a organizar y pulir este método que en este caso voy a aplicar a la oratoria, al desafío de hablar en público. He tomado elementos de disciplinas como la locución, el coaching ontológico, el pensamiento sistémico y la filosofía constructivista. No se trata simplemente de un conjunto de herramientas que facilitan la comunicación con un determinado público. La Oratoria Consciente plantea la posibilidad de construir esa comunicación junto con nuestra audiencia, al tiempo que tomamos consciencia de nuestra propia identidad en el proceso, la pulimos, la desarrollamos y la expandimos. Nos ayuda a elevar la capacidad de registro con la que nos manejamos en general. El objetivo es reconocerse uno mismo y descubrirse en mayor profundidad para así hacer foco en los diferentes aspectos de las capacidades comunicativas y de conexión con los demás. Ahora bien, para poder desplegar mejor ese potencial es preciso conocer algunas cuestiones fundamentales que afectan al modo en que nos relacionamos tanto con nosotros mismos como con el mundo.

Luego de más de veinticinco años de mi primera exposición en público y más de quince entrenando a profesionales, empresarios y líderes de numerosas organizaciones en Latinoamérica, pude encontrar que hay algunos factores comunes presentes en cualquier ámbito de exposición en público. Me refiero tanto a presentaciones sobre un escenario como a reuniones, entrevistas y toda situación de comunicación, sin importar la cantidad de participantes. Entrando en una mirada diferente del mundo, este método plantea una diferencia radical: ya no se trata solo de comunicar para difundir mensajes, compartir ideas o explicar conceptos. Entiendo que hoy el reto radica en conectarse de manera genuina con el otro, generando una atmósfera particular y, sobre todo, creando una experiencia compartida que brinde valor a ese encuentro.

Por eso, la médula de este libro es, ni más ni menos, nuestra consciencia. O sea, nuestra capacidad de registro; nuestra habilidad para distinguir un fenómeno, reconocerlo y establecer las conexiones necesarias para poder crear algo nuevo, positivo y diferente.

Por último, para que esta consciencia sea sustentable, necesitamos modificar y ampliar el foco convencional de nuestra oratoria. En este contexto, las viejas técnicas conductuales son muy útiles y necesarias, pero no basta con solo eso si no hay un trabajo real y honesto con uno mismo. Los modelos tradicionales pueden enseñar cómo pararse, gesticular, articular ideas y hasta incluso respirar. Pero se vuelven insuficientes y sin sentido si entramos en pánico, si no estamos debidamente preparados o si nos sentimos inseguros. Todas estas técnicas son importantes y sumamente útiles; de hecho, habrá mucha información en ese sentido. No queremos desestimar la relevancia que tienen todos los aspectos técnicos de los modelos clásicos. No pretendo contradecirlos en lo más mínimo, pero siempre que sus técnicas se utilicen en el contexto de una consciencia; de un Yo que habla. Esto es, un orador que trabajó antes sobre sí mismo, sus creencias, su modo de estar y de ser ante el desafío que se le plantea en su presentación de ese momento. Este será uno de los puntos clave del libro: **el grado de conexión que logremos a varios niveles dependerá del grado de consciencia que podamos desarrollar.** Si no hay consciencia, no hay conexión. Y sin conexión podemos tener un buen discurso y ponernos en una actitud segura (muchos lo hacen) pero podemos perder credibilidad, y lo más preciado de todo: la valiosa atención del otro y la posibilidad de lograr un impacto verdadero en él.

Este libro pretende acompañar al *speaker*-orador-presentador-facilitador en el desarrollo **de presentaciones ágiles que inspiren, ilustren y sorprendan.** O sea, una especie de manual para transitar los desafíos de nuestra época donde la ansiedad y la impaciencia distraen a públicos de toda índole y complican la vida al más avezado de los oradores.

Este manual pretende ofrecer, tal como mencionamos, recursos prácticos tanto para principiantes como para oradores ya experimentados, para crear experiencias interesantes en el público y poder crecer como profesionales a la vez. Este es otro de los puntos clave: proponer el desafío de la oratoria como un dispositivo que nos permita **crecer como personas, más allá de nuestro eventual rol de oradores.**

Las presentaciones orales nos brindan rápidamente una lupa para tener una observación ampliada de aspectos sobre nosotros mismos. Por eso, también podemos tomar estos espacios como una maravillosa oportunidad de aprendizaje, crecimiento y transformación personal. La experiencia de hablar en público amplifica y hace evidentes nuestras virtudes y defectos. Expone muchas veces con crudeza nuestra inmadurez, mostrándonos el modo en que cierta obsesión por el control o el poder puede llegar a erosionar nuestras posibilidades de generar relaciones genuinas y confiables; desnudando la forma sutil en que complicamos nuestra capacidad de expresión debido a algunos de nuestros caprichos personales. Pero, por otro lado, este reto también permite hacer visibles aquellas virtudes personales que podemos dimensionar al notar el impacto en los otros. De esta forma, con nuestras convicciones podemos conmover y con nuestras ideas podemos inspirar. Con nuestra actitud podemos desafiar y con nuestra grandeza podemos movilizar a niveles que tal vez nunca nos imaginamos. Es la maravillosa danza de los contrastes. Luces y sombras se deslizan sobre la tarima al servicio de una experiencia compartida que resulta valiosa y útil para todos...

Esto se hace visible hasta en las presentaciones más técnicas y aparentemente "frías", como así también hasta en nuestro modo de presentarnos al decir "Buenos días" o cuando tomamos la iniciativa al buscar soluciones con otros ante un conflicto. Surge cuando necesitamos manejar las resistencias de algún participante, y lo expresamos cuando nos desviamos del foco de lo que queremos decir o cuando dejamos de lado nuestro objetivo y comenzamos a argumentar tan solo para tener la razón. Seguramente muchas veces discutimos y polemizamos únicamente para someter al otro, en lugar de para invitarlo a participar y crear juntos. Imponemos en lugar de proponer. Y sin embargo, ¡qué maravillosa oportunidad desaprovechamos cuando hablamos desde ese lugar! Cuánta energía desperdiciada podríamos ahorrar si tomáramos este desafío que nos moviliza hacia la mejora personal al convidar al otro a ser parte de nuestra propuesta.

El mayor beneficio de esta consciencia es el tiempo ganado y el disfrute obtenido. Es algo así como ganarle terreno al mar. Es un reto a nuestra templanza, a nuestro liderazgo y a nuestra capacidad de construir con otros, más allá de nuestros prejuicios. Si lo logramos en un escenario, frente a un grupo reducido o a una gran audiencia, resultará mucho más fácil aún cuando lo apliquemos en el uno a uno. Y si logramos emplear este método como una forma de superar nuestras propias limitaciones, habremos también logrado una importante victoria personal que nos dará mayor solidez y credibilidad ante los demás. Y, sobre todo, ante nosotros mismos.

Entonces, este es un manual con varios rumbos y que puede ser útil a diferentes niveles. Por un lado, relacionado con el diseño y la facilitación de una conferencia; por otro, en relación con las oportunidades latentes que esta experiencia ofrece para nuestro propio crecimiento personal. Esto último porque el modelo en sí se desprende de un concepto más amplio en cuanto a las dimensiones de consciencia que permitirán activar, acelerar y expandir nuestros procesos de crecimiento personal al reducir lo que se conoce como la curva de aprendizaje.

Una de las premisas de base de esta propuesta radica en que todo aquello que nos desafía nos está invitando a salir de nuestra zona de confort. El miedo que nos produce un desafío de estas características revela los aspectos que podemos mejorar y nos invita a asumir riesgos. Podemos entonces seguir adelante y atravesar esos miedos que el reto propone, o simplemente esquivarlos, negarlos, posponerlos o hasta medicarlos. Si evitamos el desafío, es como si nos rindiéramos. Podemos pensar, por otro lado, que "soldado que huye sirve para otra batalla". ¡Pero cuidado! ¿De cuántas batallas necesitamos huir para darnos cuenta de que la batalla más dura de la que huimos es en realidad con nosotros mismos? ¿Cuántas justificaciones vamos a elucubrar, explicando de una u otra forma, con palabras más o menos enfáticas y creíbles, que en realidad lo que tenemos es solo miedo? Podemos evadirlo de cualquier manera, pero siempre se las ingeniará para volver. Y con cada huida parece ser peor, ¿verdad? Nunca se trata de un suave murmullo en el oído.

Entonces, los invito a imaginar que el tiempo es ahora. Que el lugar es este. Tal vez el primer paso no será el mejor, pero seguramente nos sacará de donde estamos quietos, y de tantos otros aforismos y dichos populares. Quiero invitarlos a surfear esta ola hoy.

Esto podrá resultar un poco trillado a simple vista, pero allí radica uno de los temas más interesantes de la oratoria: **lo que hace que una idea presentada resulte novedosa no implica necesariamente su falta de precedentes, sino que depende de las particularidades propias del momento y de las circunstancias en que se expresa**. Es decir, puedo decir algo ya expresado millones de veces por otros pero, al hacerlo en el momento justo, de la manera precisa y en la forma adecuada entonces podrá ser recibido como si fuera oído por primera vez. Ya hablaremos de esto más adelante.

Este manual no pretende cubrir todos los aspectos y aristas de una presentación. No podrían cubrirse en un solo tomo todas las respuestas, pero seguro habrá muchas herramientas y sugerencias que contribuirán a transitar muchos de los temores e inquietudes propios de la oratoria y recorrerlos con más recursos.

Generemos entonces juntos la experiencia de la consciencia que se expande al conectarnos. En cualquiera de sus formas, con cualquiera de sus modos.

Nos vemos en acción…

Ariel

CAPÍTULO 1

HACIA UNA ORATORIA CONSCIENTE

Acceda al video mediante este QR
https://youtu.be/fldvPp1eDnA

Hablar en público es todo un desafío. Algunas personas son más dadas a la exposición que otras, pero aun hasta en esos casos existe siempre un cierto nivel de estrés y nerviosismo que resulta ineludible. Esto se debe a que, al exponer frente a una audiencia, nos estamos exponiendo nosotros mismos a la vez. Por un intervalo de tiempo vamos a captar la atención de un público específico, nos vamos a convertir en el centro de la escena. Entonces, si nuestra exposición es lenta, dispersa o aburrida, lo más probable es que el público se desconcentre y comience a pensar en otra cosa o en lo mucho que les gustaría estar en otra parte.

En cualquier caso es importante remarcar que, cuando nos disponemos a hablar en público, también nos estamos exponiendo nosotros como personas. El modelo de Oratoria Consciente ayuda a desglosar los elementos que componen nuestra presentación y, al mismo tiempo, lograr una mayor consciencia sobre las circunstancias a las que nos enfrentamos.

Hablar en público es, básicamente, tener una conversación; aunque seamos nosotros quienes estamos eventualmente en el centro de atención o tengamos cierto protagonismo. Al menos al inicio.

Para organizar esta conversación propongo dividirla al menos en dos instancias que pueden bien ser simultáneas o no. Primero, enfocar la compresión del modelo para emplear los recursos técnicos y sugerencias orientados hacia el diseño de una presentación y su exposición en vivo. Luego, el empleo de todo ello al servicio del trabajo con uno mismo. En la primera instancia nos ocuparemos entonces de identificar aspectos generales de la propuesta de la Oratoria Consciente. También haremos un trabajo de preparación personal para afrontar la situación de exposición. En la segunda, nos dedicaremos a comprender el modelo con mayor profundidad, pero tomando todas esas herramientas que aquí se presentan para sondear en la mirada interior que este desafío propone. Seguramente podrán encontrarse aquí elementos clásicos ya antes abordados por muchos otros autores. Cabe recordar, tal como lo dijimos al inicio, que el valor diferencial no radicará necesariamente en esos aspectos meramente técnicos de la presentación sino en la expansión de la consciencia del usuario que los emplea. O sea, poder aplicar las técnicas, pero desde una perspectiva consciente. Por ello, una primera lectura seguro será de gran utilidad para aquellos que incursionan en el tema de la oratoria por primera vez. En tanto, los más expertos podrán utilizar este manual para explorar en aquellos dominios donde aún no lo han hecho antes en profundidad; se trata ni más ni menos que de observar y transitar el camino personal como núcleo del proceso. Hacia uno y otro lector está dirigido este manual.

Empecemos entonces, por el principio. Uno entre tantos lugares posibles...

¿Por dónde empezar?

¿Quiénes hablan en público? Tanto aquellos que deben hacerlo porque así se lo exige su profesión, actividad o un determinado evento, como un encuentro laboral, una celebración, un casamiento o una colación de grado (por citar solo algunos ejemplos). Además lo hacen quienes lo deciden por propia iniciativa, como, por ejemplo al organizar una conferencia, taller o seminario. También hablamos en público cuando hacemos una presentación ante nuestro equipo de trabajo, ante un cliente o en una reunión. En cualquier caso, pueden darse otras posibilidades: que el tema sea previamente asignado por un tercero (un jefe, un cliente, etc.), por motivos ajenos a nosotros o porque lo hayamos elegido. Lo mismo sucede con el público; en ocasiones podemos elegir frente a quiénes hablaremos y en otras tenemos que hacerlo ante una audiencia que no elegimos. Y viceversa. A veces, la gente no elige venir a escucharnos. Por ejemplo, en una reunión o actividad laboral. En muchos casos lo uno está vinculado con lo otro. Es decir, que un público particular va a definir un determinado tema o, al menos, puede llegar a condicionarnos en cuanto a la elección de un tema. Por caso, si debemos dar un discurso frente a un grupo de alumnos de un colegio primario, sabemos desde el principio que sería poco adecuado hablarles de filosofía constructivista o de las obras de Sartre, mientras chatean con sus amigos con los teléfonos celulares. Lo mismo podría decirse si nos disponemos a hablar en un casamiento a pedido de uno de los novios. En esa circunstancia, tal vez resulte inadecuado mencionar algunos detalles peculiares de la despedida de soltero que puedan causar cierta incomodidad o revuelo. Lo que hacemos en estos casos es adecuarnos al contexto; es decir, darle forma a nuestro discurso para que resulte comprensible, amigable, cómodo y/o relevante para el público.

Otro punto de relación entre el tema y la audiencia tiene que ver con el grado de conocimiento que los oyentes puedan tener sobre el contenido que nos proponemos exponer y la expectativa que exista en relación con ello. No es lo mismo hablar de medicina en un congreso de médicos que en una reunión de amigos. Un público con un alto conocimiento técnico del tema que vamos a exponer nos lleva a ser muy cuidadosos con el manejo de la información y el lenguaje específico a emplear.

Por eso, el punto de partida para la etapa previa de preparación de la charla es la toma de consciencia, y a muchos niveles. Resultará fundamental entonces ser conscientes de lo que estamos haciendo, los motivos que nos llevan a hacerlo, el contexto en el que lo vamos a hacer y frente a quiénes tendremos que exponer.

La selección y preparación del tema, por supuesto no es un tema menor. Por más que quien presente sea una persona bien desenvuelta y carismática, es de vital importancia que también sea suficientemente consciente sobre aquello que se dispone a exponer. Esta instancia es, esencialmente, un período de investigación, gestación y organización, pero para poder llevar adelante estas actividades de forma eficaz es necesario desde el principio tomar consciencia de lo que estamos por hacer. Me refiero a reconocer en lo personal las características del desafío que representa también para nosotros esta experiencia y definir así nuestro lugar y postura con respecto a ese reto.

Toda esta etapa de gestación dará las bases para el desarrollo de lo que luego será la experiencia completa de la presentación. Para ello, el modelo de Oratoria Consciente nos ofrece un marco de referencia para crear, ordenar y transitar ese camino. Lo interesante es que puede iniciarse a partir de cualquiera de sus partes. No es un proceso necesariamente lineal. Sin embargo, proponemos aquí una secuencia solo a los efectos de ordenar la presentación.

CAPÍTULO 2

EL MODELO

Oratoria Consciente es un modelo cuyo propósito es lograr presentaciones que generan una experiencia compartida tanto útil como valiosa, donde los beneficiarios no solo son los participantes sino también el orador. Por supuesto, si bien diferenciamos la propuesta de los modelos convencionales, no pretendemos distanciarnos de ellos, sino tomar todos los aspectos técnicos necesarios que acompañan a una presentación, llevándolos hacia el camino de la consciencia y la transformación personal a través de la oratoria.

Tres claves para una presentación

Tal como mencionamos en la introducción, al hacer una presentación buscamos **ilustrar**; es decir, ofrecer algún tipo de *dato, conocimiento* o *información práctica* que el público encuentre útil para aplicar de una manera u otra. También procuramos **inspirar** con nuestra presentación, generando un clima estimulante que invite al participante a involucrarse y a identificarse con el tema. Es como un "llamado" donde el aprendizaje, la reflexión o la acción directa serán el resultado natural y espontáneo en dirección del mayor bien para todos los involucrados. Por otra parte, nos ocupamos de **sorprender**, provocando *curiosidad* y buscando mantener un *interés* genuino en la audiencia. Para ello, procuramos que la presentación resulte entretenida, con ritmos dinámicos y propuestas ágiles, sean cuales fueren la naturaleza del tema, su relevancia o profundidad. Es importante recordar que entretener no implica necesariamente divertir. No tiene que ver con la alegría, aunque esta pueda ser deseable de todos modos. Cuando hablamos de entretener, nos referimos a **cautivar la atención de una manera dinámica**. Cuando estamos entretenidos, el tiempo pasa volando. Los límites espaciales desaparecen. Solo está presente la experiencia que vivimos. Estamos conectados.

PRESENTACIONES ÁGILES

ILUSTRAN
INSPIRAN
SORPRENDEN

Para lograr este tipo de presentaciones, identificamos al menos tres principios básicos que son los pilares y el sostén en los que se construye todo el modelo, de tal forma que brinde ese marco de referencia necesario sobre el cual apoyarnos.

Principios para una Oratoria Consciente

1. Consciencia es capacidad de *registro*.
2. La consciencia se expande o se contrae según el grado de *conexión*.
3. El grado de consciencia establece la *experiencia*.

1. Consciencia es capacidad de registro

- *Aquello que se puede distinguir resulta de lo que se puede registrar. La capacidad de registro dará el nivel de consciencia.*

Constantemente estamos en algún tipo de actividad. Cuando comemos podemos estar conscientes o no de lo que estamos haciendo. Lo mismo ocurre cuando respiramos. De una u otra forma lo haremos, pero la experiencia es radicalmente diferente cuando lo hacemos de manera consciente; cuando tomamos registro de que respiramos o comemos tenemos una vivencia que nos permite expandir la consciencia de ese momento y obtener mayores beneficios. Si comemos de forma automática mientras miramos la TV o conversamos con alguien, metabolizaremos los alimentos de una manera muy diferente de como ocurriría si estuviéramos atentos a cada bocado que nos llevamos a la boca. De la misma forma, si tomamos consciencia de nuestra respiración, probablemente podamos modificar muchos aspectos de nuestra fisiología, por ejemplo al reducir los niveles de estrés o ansiedad.

De igual manera, cuando somos capaces de registrar los diferentes aspectos del tema a presentar y de nuestro entorno, y muy especialmente cuando tomamos consciencia de nuestras propias características y desafíos personales, podremos afrontar esta actividad con mayor seguridad y conectar con los demás de manera más auténtica y genuina, creando una experiencia compartida. Obtenemos así mayor claridad respecto de quiénes somos y hacia dónde vamos.

Para graficar esta idea de consciencia imaginemos un sistema de cuatro círculos concéntricos, todos conectados entre sí. Cada uno de ellos contiene a los otros tres. **Cada círculo representa una dimensión de consciencia y sus tamaños dependen del grado de consciencia**. Así, uno de ellos puede ser más pequeño que otro, o que el resto. Todos se encuentran en constante movimiento y evolución. Cuando la totalidad de los círculos logran un mismo tamaño y se mueven proporcional y armoniosamente, es cuando surge una consciencia equilibrada. Ese sería el estado ideal donde se logra el equilibrio y todo fluye de manera natural y con mínimo esfuerzo. La consciencia se expande y se contrae como un pulmón. La experiencia resultante será el resultado de este espacio particular. A mayor espacio, mayor será el impacto de la experiencia.

Continuando con esta metáfora, cada círculo o dimensión de consciencia representa un aspecto al cual buscaremos expandir y equilibrar con los otros tres:

- **Consciencia del contenido**. Se trata de tomar registro de los elementos conceptuales, la información y el orden en que serán presentados.
- **Consciencia de la forma**. Se trata del modo en que estos elementos serán presentados y el modo en que contribuyen al éxito de la presentación.
- **Consciencia del contexto**. Contempla los aspectos vinculados al entorno, la audiencia y la disposición personal hacia esa presentación.
- **Consciencia de uno mismo**. **El Yo**. Como mencionamos anteriormente, siempre hay un Yo que está expresándose, surgiendo, creando.

Estar consciente de uno mismo es tomar registro del estado emocional, las habilidades técnicas personales disponibles (la voz, la interpretación y el cuerpo) y el desafío latente para uno mismo en relación con esa presentación.

Resultará lógico entonces notar que una presentación logrará su mayor impacto cuando quien presenta está centrado y equilibrado entre lo que dice, cómo lo dice, a quién lo dice y quién es al decirlo.

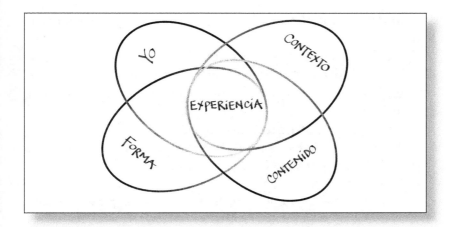

2. La consciencia se expande o se contrae según el grado de conexión con aquello que se registra

- *Al tomar registro de algo se crea un cierto vínculo con lo registrado. Positivo, negativo o neutro; de adhesión, rechazo o indiferencia, pero vínculo al fin. Las cualidades de ese registro establecerán el espacio posible de acción.*

El modo en que nos relacionamos con la presentación a realizar va a determinar el nivel de compromiso que también asumiremos con cada uno de los cuatro aspectos (contenido, forma, contexto, Yo). El nivel de consciencia que logremos con cada uno establecerá las dimensiones del camino a transitar.

Podemos estar muy conectados con el tema, ya sea porque nos gusta, lo conocemos bien o nos interesa profundizar en él, pero no lograr estar conectados *a priori* con el público que participará. O también podemos estar muy conectados con la audiencia porque los conocemos bien y tenemos un gran aprecio por ellos, pero no estar conectados con nosotros mismos al sentirnos inseguros ante algunos aspectos del evento, o por estar atravesando un momento personal especial y estar desconectados de nosotros.

Las combinaciones son muchas. Lo importante es poder tomar registro de cada aspecto y buscar los recursos y estrategias necesarias para poder equilibrar esa conexión con cada uno.

En los próximos capítulos desarrollaremos en profundidad cada uno de estos ítems y ofreceremos recursos para expandir la consciencia en cada dimensión.

- *Ya sea de manera voluntaria o espontánea, esa consciencia será proporcional al grado de conexión.*

El ejercicio volitivo de distinguir las particularidades y retos de cada uno de los cuatro aspectos (contenido, forma, contexto y Yo) permitirá identificar barreras, transitar aprendizajes y resolver dificultades relativas a cualquier dominio, y lograr así una conexión sólida y saludable con cada aspecto.

- *La relación entre consciencia y conexión es **recíproca** e interdependiente. A mayor consciencia mayor conexión, y viceversa.*

El proceso no es lineal y se realimenta a sí mismo. Por ejemplo, al tomar mayor conocimiento sobre un tema a presentar, puedo experimentar mayor entusiasmo en relación con ese tema y conectarme mejor con el concepto. Al mismo tiempo, esa relación puede desarrollarse en un círculo tanto virtuoso como vicioso. Si el tema no gusta o se desconoce en el nivel necesario para la presentación y se sienten resistencias hacia él, será más difícil conectarse con esas ideas.

Para transformar ese círculo vicioso en uno virtuoso puede intervenirse por igual tanto en la consciencia como en la conexión. Para trabajar desde la consciencia, puede reflexionarse acerca de los cuatro elementos y de los beneficios posibles en cada uno. En tanto que trabajar con la conexión implicaría buscar, identificar, aprender o inventar las condiciones para lograr que cada conexión sea robusta y fluida a la vez. Se puede trabajar con una o ambas. Si se hace con las dos, mejor.

3. El grado de consciencia establece la experiencia

- *Las cualidades emergentes de la relación entre consciencia y conexión establecen un determinado tipo de experiencia.*

Los seres humanos nos vinculamos con lo que ocurre según el tipo de experiencia que tenemos ante cada circunstancia. Si, por ejemplo, alguien se presenta ante nosotros de manera hostil o agresiva, podemos reaccionar con sometimiento y sumisión, o permanecer indiferentes si es alguien que no nos interesa, o reaccionar con igual agresión y hostilidad.

Asimismo, si alguien se presenta de manera empática, abierta y mostrándose sólido en sus ideas, será más factible que atraiga favorablemente la atención de un gran porcentaje de su audiencia. Producirá una buena dosis de **curiosidad e interés** que abrirá las puertas para generar una experiencia favorable.

Cuando permanecemos conscientes y conectados con los cuatro elementos (contenido, forma, contexto y Yo), tenemos mayores oportunidades para responder mejor ante imprevistos, como así también para crear una atmósfera donde se disuelvan las distancias y barreras entre orador y audiencia. Todo se unifica y la experiencia agrega un valor especial para todos los involucrados en igual medida.

Estos son los tres pilares en los que se sostiene el modelo y que nos permiten reconocer las posibilidades de crecimiento personal que ofrece una presentación ante otros. Allí podremos encontrar una buena oportunidad para reconocer, recrear y expandir aquellos costados más bellos de nuestra humanidad. Los costados que nos hacen tan únicos como similares, para compartirlos con otros y hacer de cada encuentro una experiencia única y memorable.

Para transitar este camino, veamos ahora las cuatro dimensiones de consciencia donde se aplican estos principios para lograr una Oratoria Consciente:

- Consciencia del **contenido**.
- Consciencia de la **forma**.
- Consciencia del **contexto**.
- Consciencia de sí mismo, el **Yo**.

CAPÍTULO 3

CONSCIENCIA DEL CONTENIDO

Nuestro grado de consciencia del contenido establecerá el nivel de conexión posible con lo que queremos decir. El contenido es la sustancia, la materia concreta con la que invitamos a construir con los otros.

La idea

Todo puede comenzar con una idea. Si bien más adelante nos propondremos pensar el punto de partida de una exposición desde otros ángulos, a esta altura, cuando comenzamos a encarar el proceso creativo, una buena idea como instancia de inicio es un concepto valioso. Podemos definir como idea a un conjunto de nociones o intuiciones que generan una nueva forma. También puede hablarse de una red de ideas; es decir, de una idea surgida de las conexiones con otras ideas. Por ejemplo, puedo hablar de fotografía y describir los diferentes aspectos de su arte: el encuadre, la luz, el enfoque, etc. Sin embargo, también se puede conectar esta idea con su aplicación a la telefonía celular y el uso que puede dársele para obtener mayor provecho del teléfono celular. Luego, el tema se puede seguir "abriendo" y conectarlo con otra idea sobre la evolución de la tecnología y los cambios paradigmáticos que generan la posibilidad de obtener y compartir fotos inmediatamente.

Ahora bien, en términos de una idea para una presentación podemos observar que muchos modelos clásicos proponen comenzar de acuerdo con cierto orden. Lo que intentan es dar forma lógica a los contenidos y empezar a trabajar a partir de un elemento que podemos identificar como primario. En cambio, al trabajar desde una Oratoria Consciente, lo que buscamos es conectarnos con el contenido desde una perspectiva más personal, buscando nuestra propia conexión con ese tema central a partir de nuestra identidad. Por ejemplo, podemos empezar por el cierre y desde allí transitar el camino inverso e ir hacia atrás, como en muchas películas que empiezan por el final y luego transitan los pasos que llevan a ese desenlace. También se puede empezar a pensar a partir de una serie de actividades y luego construir los mensajes y desarrollos en función de esos primeros estímulos. Otra opción es comenzar a diseñar la presentación a partir de una anécdota. Estas son todas formas de empezar a diseñar; luego, esa anécdota o esos ejercicios pueden ubicarse en el medio de la presentación. No es relevante el orden sino encontrar esa idea central a partir de un estímulo, que puede aparecer en cualquier momento. Por eso, el valor de la idea es más importante que el ordenamiento lógico de una exposición, ya que se trata de una creación personal que nos permite relacionarnos con nuestro material de forma singular, a través de nuestra individualidad. Además, una vez que tenemos una idea como núcleo para la presentación podemos organizar el resto del material en torno a ella. Desde allí, el camino puede ser mucho más fácil. Continuando con el ejemplo anterior, si nuestra presentación es sobre fotografía, seguro tendrá mayor impacto lo que diremos si compartimos nuestra propia experiencia en relación con este tema donde pondremos nuestra impronta, nuestra mirada particular surgida de nuestra experiencia y todo aquello que revele nuestro vínculo personal con el tema que esa idea evoca.

Desde la perspectiva de la Oratoria Consciente se puede empezar por cualquier elemento. Por ejemplo, podemos comenzar por tomar una anécdota o una experiencia para luego descubrir allí la idea principal que se encuentre latente. Aquí la anécdota funciona como un disparador. El objetivo es conectarnos e inspirarnos, tanto para elegir un tema original como para encontrar un enfoque personal con el cual tratar ese tema. Las anécdotas pueden ofrecernos algo de sabiduría en su interior, desde las más sencillas hasta las más complejas. Por ejemplo, si un líder de un grupo de trabajo tiene que hablar frente a compañeros en un encuentro de su oficina puede comenzar a organizar su discurso a partir de recordar su primer día en la empresa. ¿Cómo lo recibieron? ¿Cuáles fueron sus primeras impresiones? ¿Cuánto pensaba que iba a permanecer allí cuando llegó ese primer día? Evocar este episodio de su vida puede dar origen a muchas nuevas ideas: la cuestión del paso del tiempo, o de la adaptabilidad, o del manejo de conflictos en un grupo de trabajo, etc. En cualquier caso, la anécdota sirve como disparador para que de allí se extraigan nuevas ideas sobre qué decir y cómo decirlo. Al hablar desde la propia perspectiva, tanto la elección del tema como el enfoque estarán guiados por su individualidad, lo cual le permite al orador conectarse de manera más directa con lo que desea exponer. Recordemos que la anécdota debe estar al servicio de un concepto, idea o experiencia por crear. Es la excusa para conectar y desde allí presentar el tema central del mensaje.

En el caso de que el tema sea asignado por un tercero, la aproximación personal del orador estaría dada por el enfoque que decida darle a ese tema. Si alguien va a ser reconocido con una distinción y se espera de él que diga unas palabras en la ceremonia de premiación, el tema ya está, de alguna manera, asignado. Se tratará, muy probablemente, de un discurso de agradecimiento por la distinción. Ahora bien, para agradecer el premio la persona puede optar por diferentes enfoques. ¿Cuál es el aspecto que desea resaltar que esté relacionado con ese tema? ¿Desde qué lugar lo va a abordar? ¿Qué elementos puede tomar como disparadores de una reflexión, un reconocimiento o un agradecimiento? Un mismo tema puede ser presentado de muchas maneras.

En la entrega de premios Bilboard Women in Music de 2016, la cantante Madonna fue galardonada como la Mujer del Año. En su discurso planteó un duro mensaje de reflexión sobre el sexismo que existe en la industria de la música. La oportunidad que se aprovecha en estos eventos para manifestar mensajes ideológicos y/o de protesta es una práctica que hoy en día muchos artistas utilizan ante la visibilidad y la exposición que se les presenta. Lo interesante en este caso es que el mensaje de Madonna tenía una relación directa entre el tema del evento, su propia experiencia personal y el llamado a concientizar que proponía. Como consecuencia de ello, el impacto de sus palabras trascendió los límites de lo meramente musical y fue reconocido por millones de personas en todo el mundo.

Acceda al video mediante este QR
https://youtu.be/U9jpMJLd8_g

En su discurso, la cantante fue tomando experiencias de su vida y relacionaba cada una con el tema central. Al finalizar, reunió todos esos mensajes clave y los resumió en una o dos frases de alto impacto. Esta misma estrategia puede ser observada en múltiples presentaciones de toda índole y siempre resultan eficientes. El resultado casi siempre resulta positivo.

La etapa de identificar la idea central es un proceso principalmente creativo. Nuestro primer desafío es descubrir de qué vamos a hablar y qué tratamiento daremos a ese tema. Al tomar consciencia de las características y las circunstancias específicas en las que va a desarrollarse la presentación, y al identificar la conexión personal con el tema podemos encarar el proceso creativo desde nuestra individualidad, basándonos en nuestra aproximación singular. Esto es, manteniendo nuestro propio estilo personal, siendo fieles a nosotros mismos. Luego, para ver el panorama completo, será preciso también tomar consciencia de los objetivos y el propósito de nuestra presentación. De esta manera, tal vez un mensaje de agradecimiento en una ceremonia de reconocimiento no necesariamente deba ser similar al que vimos en el ejemplo de Madonna. La profundidad o el impacto de la presentación no es ineludible que provenga del ámbito donde se hablará sino de la impronta que se le dé. Puede ser una experiencia intensa, alegre, reveladora, profunda e incluso inspiradora. ¡Existen infinitas formas de decir gracias! Cada uno puede practicar su forma propia.

Cómo llegar a esa idea

Puede ocurrir también que el tema no haya sido específicamente asignado o que esté planteado de una manera muy amplia y ambigua. La siguiente técnica puede ayudar a identificar un tema central y también aportar claridad al encuadre que se desee dar a la charla.

Imaginemos que nos encontramos con un extraterrestre. Se trata de un habitante de otro planeta que se comunica de forma telepática con nosotros en nuestro idioma. Entonces nos formula varias preguntas que buscamos responder. Las ideas que vienen a nuestra mente, a partir de esas preguntas, las iremos escribiendo. Anotaremos todas, sin excepción; no hay buenas o malas. Todas pueden servir. Así, las respuestas que surjan de manera espontánea, sin analizar, sin juzgar, las iremos escribiendo. Lo que cuenta es que sea lo primero que viene a nuestra mente. Esto es esencial para la eficacia del ejercicio.

Las preguntas primero son de manera muy general: ¿Cómo es la vida para ti en este planeta? ¿Qué es importante para ti hoy (identificar al menos unas quince ideas)? ¿Qué sugerencia le darías a alguien que deseara vivir en la Tierra? ¿Cómo puede hacerse de esta experiencia algo maravilloso? ¿Qué mensaje final le darías a este extraterrestre? Estas preguntas tan abiertas y amplias permiten reconocer nuestro encuadre particular de ese momento sobre nuestra mirada en relación con temas generales. Surgirán de allí ideas que tal vez puedan luego ser reformuladas y adaptadas al tema elegido. También pueden presentar espacios de apertura donde surjan otras opciones antes no consideradas. Este tipo de técnicas se encuadra dentro de lo que se conoce como "pensamiento divergente". Es una modalidad que busca ir de lo particular a lo general, ampliando y expandiendo sin censurar ni cuestionar ninguna idea.

Con esta misma técnica, pueden sumarse algunas variaciones, como por ejemplo:

- Identificar o reconocer una enseñanza que se le ofrecería.
- Encontrar algo importante que has aprendido acerca de tu vida y que quisieras compartir con él.
- Reconocer qué cosas amas, temes y deseas hoy…

Entre todas estas respuestas, luego pueden buscarse conexiones, reacciones personales, nuevas perspectivas que puedan surgir. Este ejercicio permite sondear en la propia perspectiva sobre las cosas y buscar información en ella para encontrar la forma personal de acercarse al tema y desarrollar la presentación. En síntesis, la técnica permite verse a uno mismo y desde allí encontrar el abordaje personal.

Propongo, a modo de ejemplo, algunas respuestas muy comunes obtenidas en este ejercicio que se ha realizado con numerosos managers de importantes compañías cuando debían armar una charla y se sentían perdidos sobre cómo abordar el tema. El ejercicio suele empezar de forma superficial y hasta con cierta resistencia, ya que las preguntas son generales y muy amplias. Algunas respuestas recibidas fueron:

—*¿Cómo es la vida para ti en este planeta?*
—La vida es mayormente caótica, complicada. Hay demasiada hipocresía e individualismo. Salvo por los afectos, no resulta fácil vivir aquí.

Esta primera respuesta no contribuye demasiado a la idea central de una charla; pero luego, de a poco, toma otra dinámica.

—*¿Qué es importante para ti, hoy?*
—En relación con el trabajo, para mí es importante llegar a mis resultados y cumplir con lo que la organización me pide. También me interesa crecer y obtener una buena mística en mi equipo. Lograr que la gente encuentre en su trabajo un espacio donde desarrollarse y crecer. Con respecto a este evento es importante que la gente me perciba cercano, más humano; menos corporativo y distante. También deseo que vean en mí algo real y no una pose solo para agradar.

La lista continúa generalmente con asuntos de distinta índole: la salud, la familia, el reconocimiento, la realización personal y otros temas.

Las respuestas suelen ser más concretas luego, en la siguiente pregunta:

—*¿Cómo hacer de esta experiencia algo maravilloso?*
—Tomando riesgos, manejando los compromisos con otros, actuando con integridad, haciendo frente a las dificultades, etc.

Con la última de las preguntas ya puede identificarse un posible tema más concreto para su presentación:

—*¿Qué mensaje final darías al extraterrestre?*

—Vivir en este planeta puede ser maravilloso, pero es importante conocer las reglas de juego y desarrollar una buena confianza en sí mismo. Tener claro el rumbo y apostar a que el camino enseñará lo que se necesite para lograrlo.

Al analizar las respuestas pueden identificarse conectores para extraer ideas: por ejemplo, "cómo mostrarse más humano y menos corporativo" . Es útil incluir en el relato ejemplos personales sobre estos dos tópicos. Pueden agregarse también algunas dudas o temores personales sobre esos temas, como aspectos con los que muchos puedan identificarse. Esto permite generar mayor cercanía e identificación con el costado más humano de las personas, en lugar de mostrarse solemnes y arrogantes tal como suelen hacerlo muchos líderes de "la vieja escuela"; sobre todo los más conservadores o estructurados. Muchos se confunden: firmeza no siempre es soberbia. Traer a la conversación hoy alguna duda o inquietud no necesariamente significa un signo de debilidad. Por el contrario, todo buen discurso puede presentar certezas al igual que dudas. La era de los sabelotodo se acabó.

Esos dos temas pueden también ser empleados tanto para presentaciones de tinte más humanistas como para presentaciones técnicas. Por ejemplo, una presentación basada en la puesta en marcha de un proyecto, puede incluir en su relato aspectos anecdóticos que dan fuerza y fundamento a los datos a presentar. Las historias y mensajes que rondan alrededor de los procesos productivos de una empresa encierran una riqueza muy particular. Solo es cuestión de saber buscar.

Luego, el uso que se dé a esas ideas estará en función de lo que se quiera obtener de esa presentación. Para ello, resulta útil tomar en cuenta el siguiente punto.

Los objetivos

Toda presentación tiene (o debería tener) objetivos concretos. Puede tratarse, por ejemplo, de una exposición en el marco de un congreso profesional, una presentación ante colegas o una actividad con un equipo de colaboradores. También puede ser una con un cliente y su equipo, o una presentación ante compañeros de clase en un curso o también un discurso político. La lista es infinita. En cualquier caso, siempre podemos identificar tres niveles de objetivos relacionados con:

- el tema que nos proponemos presentar;
- el público que va a escucharnos;
- nuestras inquietudes como presentadores y los desafíos personales que involucran.

Veamos uno por uno.

Los objetivos relacionados con el tema son concretos, específicos, y se refieren a lo que quiere lograrse en términos del contenido. Es lo que determinará aquello que se pretende ilustrar. ¿Qué se quiere que ocurra en relación con este tema? ¿Qué resultado se espera obtener a partir de tratar este tema? ¿Qué alcance se le quiere dar? ¿Hasta dónde puede resultar adecuado llevar este tema?

Es importante que los objetivos sean específicos, medibles y realizables. No son lo mismo "proponerse que una idea se presente bien" a "que se logre cubrir de manera completa la idea en tiempo y forma".

De aquí surgirán luego los que se denominan "mensajes clave".

Por ejemplo, en una presentación donde quiere explicarse un nuevo procedimiento, los objetivos que un orador puede tener con respecto al contenido pueden ser:

- Lograr que el procedimiento pueda explicarse en todas sus partes.

- Lograr presentarlo de una manera lógica, ordenada y simple.
- Lograr que los recursos empleados para explicarlo resulten adecuados para el tiempo disponible, las personas y el ambiente.
- Etcétera.

Los objetivos relacionados con el público podrían ser: ¿Qué se espera que le ocurra a la audiencia? ¿Qué experiencia se quiere lograr? ¿Qué se desea crear con ellos?

Tomando el mismo ejemplo de la presentación donde quiere explicarse un nuevo procedimiento, los objetivos relacionados con el público pueden ser lograr:

- la adhesión a ese procedimiento en un cierto porcentaje de asistentes; una determinada emoción en la gente durante la presentación; una determinada atmósfera general en la presentación; un compromiso de la gente para aplicar ese procedimiento;
- etcétera.

Los objetivos relacionados con nosotros mismos, por último, se refieren a lo que esperamos o pretendemos de nosotros. Por un lado, podemos identificar desafíos técnicos relacionados con la dicción, la dinámica, la postura, los gestos y otros. Basados en estos aspectos podemos plantearnos objetivos del tipo: hacer una presentación con el cuerpo relajado, que la voz tenga presencia, que pueda desplazarme fluidamente por el espacio asignado para dar la charla, etc.

Sin embargo, hay desafíos más interesantes aún; son aquellos donde se exploran los retos personales con respecto a esa circunstancia. Generalmente pregunto a mis clientes: ¿Qué aspectos de ti mismo quisieras transformar aprovechando este proceso? ¿De qué forma puedes utilizar esta experiencia en relación con tu crecimiento personal?

¿Qué hay en juego para ti aquí? ¿Qué estás dispuesto a ganar/perder? ¿Qué encuentras disponible en esta situación para llevarte a tu siguiente nivel de desempeño? Aquí suele plantearse una confusión con muchos *speakers*. Sobre todo en aquellos que deben realizar presentaciones técnicas en donde, al menos en apariencia, no existe nada personal para trabajar. Sin embargo, la respuesta a esta consideración siempre ha sido la misma. Por más técnica y fría que pueda parecer una presentación, si se la hace con esa misma frialdad y distancia será muy poco probable que pueda conseguirse el efecto de conexión esperado. Por el contrario, cualquier presentación puede convertirse en una oportunidad, tanto para que un *speaker* crezca personal o profesionalmente, como para que un participante pueda percibir (incluso hasta de manera sorpresiva y novedosa) que algo que le resultaba aburrido ahora se le abre con nuevas perspectivas antes nunca consideradas. Precisamente allí radica el desafío, a partir del cual la creatividad y nuestro costado más humano se ponen de manifiesto. Hasta las presentaciones más técnicas pueden generar interés y cercanía si quien las realiza lo hace con pasión, con ganas y con entusiasmo genuinos.

Considero que no existen presentaciones frías o temas áridos. A mi juicio, son los presentadores quienes, al no disponer de recursos personales suficientes o no lograr ser conscientes de su propia consciencia, se escudan muchas veces en la supuesta frialdad de un tema. Esto he podido corroborarlo luego de años de entrenar a profesionales provenientes de las ciencias más duras al asistirlos para crear presentaciones sobre temas tan aparentemente aburridos como pueden ser los resultados de un ejercicio financiero o ciertos procesos industriales. Lo mismo ocurrió con gerentes, ejecutivos y CEOs que debían comunicar mensajes corporativos muy abstractos. Resulta casi matemático. Al cruzar el umbral de sus propios prejuicios, de las aparentes limitaciones del tema o del contexto, incluso de las de ellos mismos, lograron hacer magia con sus relatos. Lo consiguieron trabajando conscientemente, creando una atmósfera mucho más cautivante con sus ejemplos e historias, gracias a los cuales, más allá de las características técnicas o las complejidades del tema, generaron una conexión verdadera con su gente.

Por lo general, los dos primeros tipos de objetivos son más fáciles de identificar. En cambio, los objetivos relacionados con el propio presentador son más profundos. También son los más significativos y representan unos de los puntos fundamentales a partir de los cuales la Oratoria Consciente busca diferenciarse o, mejor dicho, sumar sin negar la importancia de las técnicas de los modelos convencionales. Más allá de lograr una presentación adecuada para un tema ante un público específico, la Oratoria Consciente nos conduce a crecer y transformarnos como personas a lo largo de ese proceso, tomando consciencia y modificando diferentes aspectos de nuestra individualidad.

Cuanto más conectados estemos con nosotros mismos, mejor podremos relacionarnos con cualquier tema y con cualquier audiencia. Por supuesto que lo primero que nos proponemos es hacer una presentación exitosa, abordar un tema con eficacia y cautivar al público. Pero, como dije antes, hablar en público representa un gran desafío personal y a la vez ofrece una oportunidad para superar las propias limitaciones. Al analizar el alcance que puede tener nuestra presentación: la posibilidad de crecer a nivel personal, de incrementar las capacidades y de vencer miedos, vemos que puede resultar tanto o más desafiante que cualquier otro objetivo.

Pero… ¿cómo se logra todo esto? Para abordar los objetivos personales suelo proponer un ejercicio. Les pido a mis clientes que piensen en tres atributos positivos de su personalidad y que luego procuren que esos atributos se reflejen a lo largo de la presentación. Si bien parece algo simple, no lo es en lo más mínimo.

En primer lugar, a muchas personas les resulta difícil reconocer varias de sus propias características positivas o no están del todo conscientes de ciertos aspectos de su propia forma de ser. A otras, les es casi imposible definirse en esos términos. Muchas otras, lo viven como un acto de soberbia, lo cual hace aún más difícil trabajarlos. Lo viven como si fuera un alarde de sus rasgos positivos. Sin embargo, y muy lejos de eso, la idea de encontrar aspectos positivos personales constituye uno de los pilares donde apoyarse para posicionarse de manera sólida y ser auténtico. Al mismo tiempo, brinda coherencia entre lo que se dice y el modo en que se dice, para resonar en consonancia con el propio perfil de cada uno.

En segundo lugar, al proponerse conscientemente el trabajo de volcar esas tres características en el contenido y la forma del discurso, la complejidad resulta aún mayor. Sin embargo, lo que propongo es enfrentar el propio nudo de la cuestión: la toma de consciencia. ¿Quién soy yo, desde una perspectiva positiva? ¿Cómo soy? ¿Cómo puedo hacer que esta presentación sea un reflejo honesto de cómo soy yo en relación con esos aspectos más positivos? Para poder resolver el ejercicio es preciso tomar consciencia de quién estoy siendo, del tema que voy a presentar y de mi relación personal con ese tema. Por lo tanto, es fundamental realizar un reconocimiento de capacidades y atributos, que también resultan muy útiles a la hora de la presentación. En momentos de cavilaciones o dificultades, el presentador puede apoyarse en las fortalezas que antes reconoció de sí mismo en el ejercicio para seguir adelante. Por ejemplo, si una persona dice ser divertida, creativa e inteligente, seguramente le será de mucho valor plantear una presentación que se destaque por estas mismas características.

Lo que se busca, en este sentido, es que el orador se perciba genuino y auténtico. Cuando se cumplen estas condiciones, el nivel de conexión del presentador con su tema y con el público resulta mucho más factible que cuando expone el tema con distancia y no se involucra personalmente en el proceso o está muy ocupado pensando solo en lo que tiene que decir.

El propósito

El siguiente aspecto asociado a los objetivos es la búsqueda de un propósito. Se trata del sentido de la presentación. Es el "para qué". Es lo que dará al proceso de diseño y luego a la instancia de facilitación los componentes emocionales necesarios para la creación de la experiencia buscada. El propósito nos dará también la inspiración y la fuerza para sobrellevar cualquier dificultad que podamos encontrar en el camino.

Por ejemplo: un gerente regional que debe hacer ante su equipo una presentación de una nueva iniciativa de la empresa, puede tener el propósito de conseguir mayor cercanía con su gente y entre ellos mismos. Entonces podría plantear esas iniciativas de su área desde la perspectiva de la unidad y la sinergia. Este propósito puede incluir lo que le permita abordar temas difíciles, como los conflictos de un equipo que observa dividido o con dificultades en sus vínculos. Mientras que los objetivos representan "el qué", lo que se desea lograr, el propósito representa "el para qué". Es la razón que dará sentido a los objetivos de la presentación. Para entender mejor la idea de propósito resulta útil la frase: "Quien tiene un para qué, siempre encuentra el cómo", que se le atribuye al famoso filósofo Friedrich Nietzsche. El propósito brinda la inspiración necesaria para encontrar las mejores estrategias. Por su parte, los objetivos brindan un norte. Objetivos y propósito van siempre de la mano.

Los ejes principales

Una vez que hemos decidido la idea de base, el tema que vamos a tratar, el enfoque que vamos a darle desde nuestra individualidad, el propósito y los objetivos que nos proponemos alcanzar con el proceso, podemos ocuparnos entonces del contenido específico de la presentación. Tal vez el tema que se desea presentar resulte muy amplio, por lo cual debe definirse concretamente los aspectos que van a tratarse relacionados con ese tema.

Para ir de mayor a menor, ahora hay que identificar los ejes principales de la presentación. Estos ejes pueden ser tres o cuatro aspectos o subtemas derivados de la idea central. En una narración, podrían ser los momentos decisivos de la trama; es decir, los núcleos conceptuales, las partes más importantes de la historia, las que no pueden faltar.

Tomaremos como ejemplo una breve charla realizada por Iván Morello, quien brindó una hermosa ponencia. Esta charla puede leerse completa en el Anexo, al final del libro, o verla en Internet: https://youtu.be/AReh4HpV7VE.

Acceda al video mediante este QR
https://youtu.be/AReh4HpV7VE

La conferencia se titula "El hombre más grande del universo" y su idea central es la identidad. Iván participó como orador interno en un ciclo de eventos realizados en una importante empresa en Argentina, de los cuales se hicieron varias ediciones. Estas reuniones, dirigidas a toda la línea de líderes de la compañía, consistían en presentaciones de diversa índole: técnicas, referidas al negocio, a temas contractuales, aunque también artísticos, humanísticos y testimoniales. Todos los oradores (salvo en algunos pocos casos) siempre fueron elegidos dentro de la organización. Ninguno era profesional en temas de oratoria. De ahí el mérito especial, ya que ninguno de los *speakers* se dedicaba a dar conferencias, y debieron ser entrenados especialmente para esos eventos. Junto a mi equipo asistimos a todos los oradores internos seleccionados y los acompañamos en el diseño de sus charlas aplicando este modelo. El resultado fue lograr experiencias movilizantes a muchos niveles. Pero por sobre todas las cosas, quienes mayores beneficios obtuvieron fueron los *speakers,* dado el impacto que esta experiencia tuvo en su forma de hacer presentaciones a todo nivel luego de estos ciclos.

Para ello, Iván organizó su presentación en cuatro ejes:

1. Un hombre importante para la humanidad.
2. Un hombre importante para él.
3. El concepto de "identidad" y su explicación en relación con ese hombre importante para él.
4. El propósito de la "identidad".

Estos ejes también pueden permitir identificar lo que se denomina "ideas fuerza" o "mensajes centrales" que contienen aquello que debe estar inevitablemente en la presentación. Constituyen los núcleos de la charla. En esta instancia, tal vez aún no sean conceptos en sí mismos, sino ideas rectoras que responden a la idea central; como los títulos de tapa de un diario. Estos núcleos permiten organizar la presentación, desglosándola en tres o cuatro aspectos relacionados entre sí. Pensemos que se trata como de vasijas que luego vamos a ir llenando con los conceptos. Cada eje es una vasija. Al mismo tiempo, todas ellas están ahí, girando en torno a una idea central. Si contamos con una idea de base y con estos ejes principales, la tarea de reunir y seleccionar el material de la presentación resultará mucho más sencilla y eficaz. Por ello, es preciso tener definidos y claros estos ejes antes de pasar al siguiente paso que implica el trabajo directo sobre contenidos concretos. O sea, lo que será volcado en cada vasija. Aún el orden no es importante.

Puede modificarse muchas veces hasta tomar su forma definitiva. El mejor ejemplo que puedo ofrecer aquí es la cantidad de cambios, agregados y vueltas que dieron las ideas de este libro hasta que se ordenaron en la forma que tiene hoy. Existen clientes que han pasado por cerca de veinte versiones de sus charlas hasta dar con la definitiva.

Los conceptos

Ya contamos con una idea central y con tres o cuatro ejes que articulan esa idea. Recordemos que pueden ser más de cuatro según la complejidad del tema a presentar y el tiempo disponible. Es exactamente lo mismo si se trata de una presentación de cinco minutos o de una hora.

A continuación nos disponemos a llenar esas vasijas con el contenido de nuestra presentación. Las vasijas tendrán cada concepto y lo organizarán con respecto al núcleo central. Al organizar las ideas de esta manera se puede optimizar esfuerzos a la hora de seleccionar el contenido, ya que contamos con la idea principal de toda la presentación y sabemos también cuáles son los puntos centrales que no podemos pasar por alto y que se desprenden de esa idea. Este ordenamiento custodia el sentido al que apunta toda la presentación y nos mantendrá enfocados en el camino, evitando posibles dispersiones o desvíos que redunden en una pérdida de tiempo y energía con subtemas superfluos o innecesarios.

Esta etapa, por tratarse de un paso inicial en el diseño de la presentación, es más bien una instancia creativa, donde primero buscaremos hacer acopio de ideas; o sea, reunir la mayor cantidad de opciones posibles, de todas las fuentes y ámbitos que se nos ocurra. La investigación, la búsqueda curiosa y la apertura a la mayor cantidad de miradas y aristas permitirá abrirse a consideraciones que tal vez *a priori* no habían sido tenidas en cuenta. Es un momento de divergencia. El beneficio de contar con este pequeño puñado de ideas centrales (las vasijas) ayudará a sostener algún marco de referencia y nos protegerá para que no nos perdamos en la divergencia. El juego radica en crear y abrir opciones, tal vez como alejándonos de la costa pero sin perder el rumbo. Luego llegará el tiempo de ordenar, clasificar y decidir las ideas más relevantes y adecuadas para cada vasija, incluso para poder dar a cada idea seleccionada el protagonismo que requiera.

Para comprender el nivel de precisión que debemos tener con los conceptos seleccionados, suelo compartir algunos datos sobre la capacidad de atención que tienen las audiencias en general. Existen teorías que explican que el público retiene aproximadamente el 10 por ciento de lo que escucha y que su atención sostenida no supera los 10 a 15 minutos. Por ello, será importante fijar los conceptos clave sabiendo de antemano que el público retiene un porcentaje muy bajo de todo lo que recibe durante una exposición. Si organizamos la presentación en torno a esos ejes primarios y luego seleccionamos los contenidos que darán soporte a esos ejes, podremos entonces jerarquizar más eficientemente los diferentes elementos para destacar e insistir en los puntos fundamentales.

Pero también es importante ser conscientes de otra característica de las audiencias: si bien en general la gente no suele recordar mucho de lo que se dice en una presentación, en cambio sí recuerda muy bien lo que sintió durante el proceso. Para ser capaces de fijar conceptos en nuestra audiencia es importante, entonces, prepararnos y ofrecer esos conceptos en un envase de sensaciones y experiencias. Podemos acceder al público desde un ángulo más sensitivo, buscando que esos mensajes clave que queremos transmitir queden asociados a determinados momentos emotivos de la presentación. Si el público se siente identificado, si se divierte o incluso si se siente desafiado, es mucho más probable que los conceptos que exponemos lleguen a mejor puerto y permanezcan en su recuerdo.

Recordemos que el público retiene alrededor de un 10 por ciento de lo que decimos. ¿Y el otro 90 por ciento? Surge entonces la pregunta: ¿qué sentido tiene dar una charla de 60 minutos si podemos abordar lo esencial en apenas seis?, como si así pudiésemos asegurar que el 10 por ciento quedara automáticamente fijado en la gente. Sería fantástico, pero me temo que no es así como funciona... Lo que ocurre es que los mensajes centrales, desprovistos de todo soporte (o sea, ese 90 por ciento restante), quedarían "descolgados"; algo similar a lo que sucede cuando en las redes sociales se publican aforismos sueltos, separados de su contexto. La significación de esos contenidos se diluye en gran medida ya que no siempre tienen un marco que les dé respaldo. El valor y la importancia de los conceptos se construyen sobre la jerarquización de los contenidos. Para entender el verdadero valor de un concepto es preciso ubicarlo junto a otros, interesantes pero de menor relevancia, para destacar lo más significativo. Es como la participación de los papeles secundarios en una película. Las personas que interactúan con los protagonistas son tan importantes como los protagonistas en sí porque traen contrastes que ayudan a escenificar una situación dada. Asimismo, la cima de una montaña se distingue como tal porque es su parte superior, está más próxima al cielo y desde allí puede apreciarse un amplio paisaje. Si no, sería solamente una simple roca más sobre la tierra. La noción de "cielo" y "amplio paisaje" son elementos secundarios en el relato sobre la montaña, pero son útiles para dar sentido a la historia.

Entonces, el 90 por ciento restante de nuestra presentación tiene que servir de entorno favorable para que el 10 por ciento central sea captado en su totalidad. De esta forma, seguimos organizando el contenido; diferenciando entre ejes principales y contenidos secundarios (aunque también importantes) que nos van a servir para dar un marco a los mensajes centrales. Lo que hacemos es tomar consciencia de los diferentes elementos de nuestra presentación, de la importancia que les asignamos y de la función que cumplen teniendo en cuenta los objetivos que nos planteamos. Por ejemplo, en la charla de Iván Morello, los tres ejemplos donde relata experiencias con su padre permiten crear el clima y fortalecer la idea del modo en que él considera importante a su padre. Tal vez no sea fundamental para la idea central la presencia de los personajes Camusone o el ruso Lichman (mencionados en el relato), pero a los efectos de la historia son relevantes puesto que sirven para dar fuerza a la figura protagónica del padre.

Una técnica muy potente para expandir ideas sobre la base de un tema central, sus núcleos y los conceptos es la técnica de mapas mentales o *mind maps*. Estos mapas son representaciones gráficas utilizadas para determinar y organizar las relaciones entre diferentes conceptos, simulando el modo en que se conectan y relacionan las ideas en el cerebro. Como redes neuronales. Así, las ideas suelen presentarse dentro de círculos o rectángulos, y las relaciones entre unas y otras se expresan por medio de líneas. La idea es colocar en el centro de la hoja el tema central y pensar en algunos derivados con los que puede asociarse creativamente esa idea.

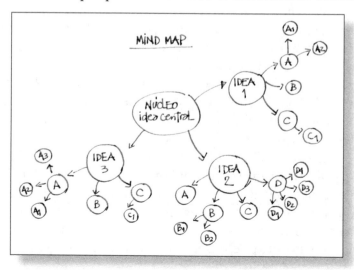

Continuando con el ejemplo de Iván; no sabemos si él realizó este ejercicio tal como lo presentamos aquí, pero, imaginamos que, de haberlo hecho, habría sido similar al gráfico que proponemos:

- En el centro de la hoja se ubica la idea central, el núcleo. En este caso, la identidad.
- De ese núcleo se desprende un segundo nivel de ideas: científico importante, persona importante para mí, qué es la identidad y cómo se transmite.
- Luego, de cada una de estas nociones se desprenden otras más, una tercera línea de ideas.
- Seguidamente, otras más y así continúan como las ramas de un árbol. Se puede llegar a tantas como se desee. La premisa es abrir, conectar, expandir.

Este mapeo de ideas permitirá tener mayor claridad de un escenario y descubrir posibles conexiones no visibles hasta ese momento. Asimismo permite dar visibilidad a la jerarquía de ideas y acceder a un criterio más certero para elegir mejor. Muchas veces damos un protagonismo innecesario a alguna idea y descuidamos otras que tal vez podrían resultar más importantes. Esta técnica también ayuda a estabilizar este posible desequilibrio.

Es muy útil sumar técnicas como esta en la primera etapa de la preparación ya que nos permite visualizar la totalidad de los conceptos que nos proponemos trabajar y las relaciones que existen entre ellos.

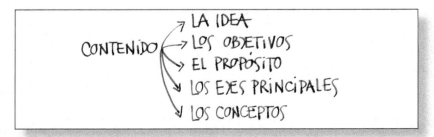

CONTENIDO
→ LA IDEA
→ LOS OBJETIVOS
→ EL PROPÓSITO
↘ LOS EJES PRINCIPALES
↘ LOS CONCEPTOS

CAPÍTULO 4

CONSCIENCIA DE LA FORMA

Hemos hablado hasta aquí de todo aquello referido a la sustancia de lo que se presentará. Es momento ahora de revisar el modo en que se realizará esa presentación, los recursos a emplear y su distribución estratégica para lograr que sea equilibrada, armoniosa e impactante. Ser conscientes de la forma requiere interiorizarse de todo aquello que se empleará para dar cuerpo a las ideas por presentar. Conectarse con cada momento, cada idea y cada recurso favorecerá esa experiencia que buscamos crear junto con la audiencia.

La estructura

El siguiente paso es estructurar el contenido para ir dando forma a la presentación oral. Este es un punto determinante para el éxito de la presentación, ya que es donde se articula la secuencia lógica de la exposición. Antes organizábamos el contenido teniendo en cuenta la importancia de uno y otro concepto vinculándolos entre sí y destacando los más significativos. Ahora vamos a desplegar esos conceptos a lo largo del tiempo; es decir, vamos a organizar la cronología de la presentación. Para ello utilizamos la clásica secuencia de tres momentos o actos que puede identificarse en cualquier estructura argumental: introducción, desarrollo y desenlace o cierre.

Si bien esta propuesta puede resultar un tanto obvia, si se omite este ordenamiento o no se realiza de manera eficiente existe el riesgo de que se pierda el hilo conductor o de que no se comprenda y la presentación resulte en un fracaso. No se trata únicamente de tener un contenido organizado en torno a las ideas centrales y de generar en el público emociones que los vinculen con ese contenido. También hay que poder administrar el discurso a lo largo del tiempo que dura la presentación, siendo plenamente conscientes de las conexiones que tienen todos los elementos que intervienen.

Obviedades no tan obvias

En este punto, quiero detenerme en el valor de lo obvio. Muchas veces se entiende lo obvio como algo desechable, algo superficial que está a la vista de todos y que por lo tanto no merece demasiada atención. Del mismo modo, suele creerse que lo sofisticado, lo complejo, conduce a verdades más profundas. Sin embargo, sugiero la idea de que en realidad lo obvio representa justamente un vehículo más directo hacia lo profundo o incluso un atajo. En lugar de comenzar por plantear la búsqueda de una verdad a partir de la complejidad, propongo comenzar por lo obvio. ¿Por qué no? Lo obvio está allí, frente a nosotros ¿Por qué, justamente, obviarlo?

Por ejemplo, resulta obvio que para comunicarse mejor es importante una buena escucha. Es muy frecuente decir que la escucha representa el aspecto más importante para una buena comunicación. Desde esta perspectiva, consideramos el tema de la escucha como un fenómeno comunicacional. Aprender a comunicarnos, decimos, requiere aprender también a escuchar. Obvio. Sin embargo, lo que muy pocas veces tenemos en cuenta es que el fenómeno de la escucha es más emocional que comunicacional. Si estamos muy enojados o extremadamente ansiosos, es poco probable que podamos escuchar al otro de manera abierta y generosa. Por más horas de entrenamiento que tengamos en habilidades comunicacionales, estas se harán trizas cuando estemos envueltos en un ataque de furia. Lo emocional es más profundo que cualquier habilidad comunicacional. Si no aprendemos a manejar nuestras emociones, no habrá comunicación posible más allá de nuestra emoción del momento. Como decíamos, lo obvio es un excelente atajo para ver aquello que los más entusiastas o ansiosos pasan por alto.

En ocasiones, sugiero comenzar el diseño de una presentación a partir de algo obvio como para buscar luego un significado más profundo de cosas que *a priori* puedan ser pasadas por alto. Lo obvio es solo un punto de partida y puede ser de gran utilidad cuando comenzamos a abordar un tema. Por ejemplo, cuando no sabemos cómo encarar un determinado tema y no identificamos por dónde empezar; o si sentimos que nos es imposible producir ideas, podemos entonces buscar un ejemplo cotidiano donde se observe lo que queremos contar o compartir. Como por ejemplo, tomar una experiencia personal relacionada con el tema central. Tal vez una experiencia "simple" cuyo significado resulte obvio para nosotros. Luego podemos recrear alguna escena de esa situación incorporando detalles y datos que amplifiquen la idea. Así, por ejemplo, un tema tan obvio, extenso y genérico como el liderazgo, puede empezar a ser abordado a partir de alguna experiencia personal donde logre observarse aquello que se quiere explicar. Lo general se vuelve particular. Entonces, la anécdota puede ir derivando en algún aspecto del liderazgo que se quiera resaltar; por ejemplo, la flexibilidad, e incluir matices que hagan evidente esos aspectos. Luego puede derivar en algo más

61

profundo que es la actitud; y de allí, un nuevo paso para ir profundizando de a poco, cada vez más, hasta llegar a los mensajes esenciales del relato. La peculiaridad de una experiencia brinda recursos para explorar temas a partir de detalles y comenzar a profundizar así en la idea. Entonces, podemos transitar el camino que va desde la aparentemente obvia descripción de una anécdota hasta el desarrollo profundo de un concepto.

Lo mismo puede decirse de la estructura de tres momentos o actos. Esta noción de tres actos fue introducida inicialmente por Aristóteles en *La Poética*. Resultará obvia pero contiene elementos para nada obvios. A estos elementos los llamaremos "llaves de activación". Funcionan como el interruptor que usamos para encender la luz en una casa. A medida que las vamos activando, se van revelando aspectos de lo obvio que hasta entonces estaban ocultos. Son solo tres momentos. Cada momento tiene su llave y cada llave su técnica. Veamos de qué se trata.

La introducción

Los primeros pasos son fundamentales, al igual que las primeras impresiones. Aquí volvemos a conectarnos con los objetivos de la presentación, y más específicamente con los objetivos en relación con el público. En este punto hay que ser conscientes del efecto que pretendemos generar en la audiencia. De alguna manera, la introducción es como los títulos principales al inicio de un informativo o un programa de variedades. Allí vemos apenas algunas frases sueltas y seductoras que sugieren mucho más que lo que muestran. O en las series que muestran imágenes del capítulo anterior. Precisamente de eso se trata la introducción, de generar misterio y atraer al público hacia el tema, dosificando la información, jugando a producir cierta cantidad de misterio. Si al primer instante ya volcamos todo un arsenal de datos, es muy probable que abrumemos a la audiencia. En cambio, si logramos despertar un interés a partir de cosas simples y directas, el público seguramente se involucrará de manera más amigable con la presentación, motivado por su propia curiosidad.

Para trabajar esa idea de seducción se puede destacar un aspecto parcial de aquello a lo que se desea hacer referencia y con ese aspecto saliente sugerir la totalidad del tema. Por ejemplo, un presentador de un informativo que inicia una columna mencionando "Un importante hallazgo de la NASA que modificará el modo en que conocíamos la estructura del sistema solar". Lo que se busca es tirar un anzuelo para el público, como un pescador cuando lanza su línea con su caña de pescar, para atrapar a la audiencia desde el principio de la presentación. Por lo tanto, los objetivos con respecto al público en esta instancia están asociados directamente a la **curiosidad** y el **interés**.

En su libro *El método TED para hablar en público*, Jeremey Donovan[1] realizó una investigación sobre las particularidades de las charlas TED, que son ciclos de conferencias breves de alto impacto que se replican a nivel mundial en donde se presentan ideas de todas las ramas de la vida de una manera muy atractiva y poderosa. Allí, el autor propone tres formas de iniciar una charla. La primera es a través de una **hipótesis**. Por ejemplo, para presentar un proyecto que brindará cierto beneficio a un determinado grupo, puede comenzarse con alguna información relevante que haga evidente la necesidad que este proyecto cubriría. En este sentido, puede iniciar su presentación diciendo: "Llevamos más de cinco años tropezando con la misma piedra en este proyecto y hace unos meses encontramos una solución que nunca tuvimos en cuenta y que permitirá, a partir de ahora, multiplicar nuestra productividad a niveles que superan nuestro límite histórico en más de un 15 por

---

1. Donovan, J.: *El método TED para hablar en público*. Planeta, Barcelona, 2013.

ciento". La introducción basada en una hipótesis inicia con el resultado final a la vista. Es la conclusión a la cual se espera arribar como resultado de la charla.

La segunda forma de iniciar una presentación es a través de una pregunta. Continuando con el ejemplo anterior, se puede iniciar preguntando a los asistentes: "¿Cuántos de los presentes han observado que llevamos mucho tiempo tropezando con la misma piedra en este proyecto y no estamos avanzando?" o "¿Cuántos de los presentes consideran que nuestra productividad está estancada desde hace tiempo?". Al iniciar con una pregunta, de alguna manera se invita al público a involucrarse en el tema de una manera más activa.

Por último, también se puede comenzar con el relato de una anécdota o historia que presente de manera sugestiva el tema en cuestión. Siguiendo el mismo ejemplo: "La semana pasada nos reunimos todo el equipo de planeamiento y estuvimos en una oficina durante tres días completos para entender por qué nuestra productividad se encuentra estancada desde hace tanto tiempo, sin dar con la solución. De casualidad, Andrés entró en la oficina cuando ya no teníamos más respuestas, y entonces, inocentemente, sugirió una idea de esas que se dicen al pasar, y sin proponérselo nos regaló la semilla de la solución que les quiero presentar el día de hoy". A través de la anécdota se humaniza la presentación de una idea y se la hace más real, menos abstracta.

Los primeros instantes son cruciales. No solo porque serán la llave para que la audiencia nos regale su atención, sino también porque para muchos oradores esos minutos son los más difíciles porque los nervios del inicio no siempre ayudan a lograr una buena primera impresión. En ese sentido, tener la introducción muy bien memorizada y preparada será de gran ayuda para asegurar el clima que se quiere desde el inicio mismo.

Por otra parte, resulta también muy importante tomar consciencia de las características específicas de la audiencia; quiénes son, cuánto saben del tema que se presentará, tanto como si están allí por voluntad propia y cuál es su grado de interés en el tema. Si podemos tomar consciencia de la situación en la que nos encontramos como oradores y en la que están ellos con respecto a nosotros tendremos más chances para poder identificar las mejores estrategias. Insisto en este punto porque es a partir de la consciencia que vamos a ser capaces de establecer una conexión. En la medida en que seamos capaces de comprender el lugar que ocupamos unos y otros con respecto al tema y a la situación contextualizada de la propia presentación, podremos conectar con mayor éxito.

El desafío para generar **curiosidad** e **interés** en el público implica entonces ser consciente de los puntos a partir de los cuales puede cautivarse a ese público. No es lo mismo hablar frente a un tribunal de justicia que frente a compañeros de trabajo en una reunión de equipo. Cada público tiene sus características particulares.

El desarrollo

Antes mencionamos la importancia de encontrar temas o ideas seductoras que funcionen como el anzuelo de un pescador, para que la audiencia se entusiasme. Una vez logrado ello, será momento de entrar de lleno en el tema, de desarrollarlo. Aquí la clave principal es que la presentación sea ágil y dinámica. Cuando digo ágil no me refiero a rápida sino amena, entretenida; todo lo contrario de monótona. La presentación puede durar 10 minutos, media hora o un día entero; lo importante es que no resulte tediosa y que sostenga vivo el interés del público de principio a fin. Para lograr este objetivo debemos tomar consciencia de cuatro factores que inciden directamente en el desarrollo de nuestra presentación. Estos son: la curva de aprendizaje del tema, las características del público, el estilo personal del presentador y el tiempo disponible.

Cuando menciono la curva de aprendizaje del tema me refiero al nivel de dificultad del contenido a tratar, el tiempo y el desarrollo requeridos para comprenderlo, procesarlo e incorporarlo. Si la presentación tiene por objeto difundir un conocimiento científico complejo ante un público que ignora el tema, es importante saber que la audiencia podría tener dificultades para seguir la charla.

Uno de los errores muy comunes en este sentido es el de preparar presentaciones abundantes en información que descuidan la curva de aprendizaje y la atención de quienes la presenciarán. Resultan muchas veces demasiado complejas y suelen brindar información muy condensada en un tiempo insuficiente para desarrollarla y dejarla decantar. Entender la curva de aprendizaje implica saber administrar la cantidad de información adecuada para el tiempo disponible y las peculiaridades de la audiencia. El ritmo y los recursos juegan un papel estratégico para asegurar que la experiencia favorezca el aprendizaje buscado.

Recordemos que los seres humanos aprendemos observando, escuchando y reflexionando, pero por sobre todas las cosas aprendemos haciendo. No es solo cuestión de hablar más lento y más claro, sino de generar la experiencia de lo que se desea comunicar con ideas, emociones y acciones, regulando el ritmo necesario que asegure su comprensión. Por ello, es importante cada tanto chequear con el público la comprensión, o bien realizar alguna dinámica de aplicación que permita evaluar empíricamente el grado de comprensión del tema presentado. Para verificarlo, resulta útil considerar cada uno de los ejes centrales del tema y regular el alcance que se desea dar a cada contenido en cuestión. Una administración equilibrada de temas, definiciones y ejemplos contribuirá a dar fluidez a la presentación. Un modo útil para llevar adelante esto es organizar un esquema de la charla; como el índice de un libro pero incluyendo, para cada eje, los conceptos que comprende y los recursos a emplear, junto con una medida del tiempo que se dedicará a cada etapa. Como si fuera el guión de una película. La sumatoria de todos estos elementos en una hoja de papel dará visibilidad al esquema total y permitirá reconocer posibles desproporciones en la profundidad de algún tema o desequilibrios en el manejo de los tiempos. Ahondaremos en este aspecto en este mismo capítulo cuando hablemos de las actividades en el apartado Los recursos.

Ello nos conduce al siguiente punto, que venimos mencionando en varios momentos: las características del público. Un tema es más o menos complejo por sus propias características, pero también en relación con el público al que se dirigirá. Hablar de termodinámica frente a un grupo de ingenieros es muy diferente que hacerlo ante una clase de estudiantes del nivel primario. El tema es técnico de por sí, pero cuando la audiencia posee conocimientos de base sobre él, podrá abordarse con mayor fluidez. Siempre hay latente un principio de obviedad donde damos por sentado que el público sabrá suficiente sobre uno u otro tema. Sin embargo, no siempre es así. Por ello, se puede preguntar abiertamente sobre el grado de conocimiento acerca de un determinado tema, y si alguien del público manifiesta saber sobre ello, puede ser él quien con sus palabras lo exprese. Esto redundará también en una mayor interacción con el grupo, favoreciendo el intercambio dinámico con la gente. Si bien es importante no dejar temas que parezcan obvios sin explicar, también resultará útil estar atento a no perderse en detalles.

El punto siguiente tiene que ver con el estilo personal del presentador. Antes mencionamos la actividad donde un orador debía definirse con tres adjetivos que luego servirían para llevar adelante su presentación. Es fundamental tomar consciencia de nuestras fortalezas y debilidades para dar lo mejor de nosotros mismos a la hora de hablar en público. Cuando pienso en los tres adjetivos que me definen también estoy pensando en los que no me definen; es decir, analizo puntos fuertes y puntos débiles de mi persona. Si tengo facilidad para el humor, sin dudas me conviene utilizar esa faceta de mi personalidad para aportarle alegría al tema que estoy presentando, pero tengo que cuidarme a la vez de no restar profundidad al abusar del humor. Si, en cambio, me considero una persona más bien seria, debo considerar la manera en la que puedo explotar esa característica personal sin descuidar el objetivo primordial de generar interés en el público. Las presentaciones deben ser auténticas; es decir, que logren reflejar esas características que cada uno tiene. Esto es muy importante: no tenemos que traicionarnos a nosotros mismos para someternos a la lógica del entretenimiento. Pero como lo que buscamos es generar una conexión, no podemos pasar por alto que del otro lado hay un público específico y que para que nuestro mensaje llegue y contribuya a una presentación ágil, debemos ser capaces de intrigarlos y de mantenerlos pendientes en todo momento.

Otro factor que define la dinámica de una presentación es el tiempo con el que contamos. En algunos casos podemos hablar apenas por unos minutos y en otros debemos hacerlo por períodos mucho más largos. Esta variable define muchos aspectos de la presentación. Ya dijimos que partimos de una idea central y que tomamos al menos tres o cuatro ejes que se desprenden de esa idea. Hay que administrar esos puntos, que no pueden faltar a lo largo del tiempo disponible. Si solo contamos con unos pocos minutos, vamos a tener que ser sumamente eficientes y evitar todo lo que no sea el corazón de la presentación, para que lo más importante no quede afuera. Pero si, en cambio, disponemos de más tiempo para la presentación, debemos cuidarnos de no perder la atención del público con detalles que tal vez para nosotros sean necesarios pero para el público no. Una buena estrategia para asegurar esto es realizar prácticas tomando los tiempos y ajustando los contenidos según notemos que su extensión sume o no para lograr lo que buscamos. Las prácticas pueden ser en solitario y con invitados. Las dos instancias tienen su aporte. A veces, incluso puede ser útil probar ejercicios o actividades con diferentes grupos de muestra, como ensayos, para pulir la práctica, observar las reacciones de la gente y realizar los ajustes necesarios en función de lo que la experiencia muestre. Cuanto mayor sea la práctica previa, mayores serán los recursos disponibles para responder en caso de imprevistos. La práctica no solo permite fijar la presentación, su mayor contribución está en la seguridad en uno mismo que brinda. Tiene un efecto psicológico. Cuanto más seguro se sienta un expositor sobre su charla, más calmado estará ante posibles imprevistos.

Hay que tener en cuenta otro aspecto antes mencionado: los niveles fluctuantes de atención que podemos reconocer en la gente en estos tiempos particulares. Hoy no es aconsejable hablar durante más de 10 minutos de corrido sobre un mismo concepto, sin ninguna interacción, ejemplo, actividad o cambio de rumbo. El expositor unidireccional que habla sin parar durante una hora desde la teoría, en abstracto, está condenado al fracaso en los tiempos que corren. Cada cinco minutos debemos ofrecerle a la audiencia un estímulo fresco para mantenerla atenta y conectada.

Este estímulo apunta a interrumpir la exposición oral unidireccional (a veces monótona) y ofrecer a la audiencia un espacio de participación o de debate. Lo importante es lograr que se involucren, aun cuando sea la primera vez que se relacionan con ese tema en particular. Si la gente participa activamente es mucho más probable que se conecte. La energía en la sala se mueve más fluidamente. Para estos fines, las actividades pueden ser sencillas y dinámicas.

La idea es que interrumpan un ritmo estático en la presentación oral aunque sin desacelerarlo. Puede ser una ronda de preguntas o la posibilidad de participar simplemente levantando la mano, desde su lugar. Esto último sirve en especial para auditorios muy numerosos. Por el simple hecho de levantar la mano ante una pregunta del orador, aunque solo sea en respuesta a una pregunta cerrada, la gente ya se movió en su lugar y se creó un momento de diálogo con la audiencia. O también puede hacerse un simple ejercicio de pararse en el lugar y estirar los brazos y las piernas. Lo central, recordemos, es que el público se mantenga alerta e involucrado, para que la presentación resulte ágil y que los mensajes de fondo lleguen a destino.

El cierre

Llegamos aquí a la instancia del cierre. Lo fundamental es que sea claro, simple y directo para poder sintetizar todo lo presentado. Así como en el desarrollo debemos ser conscientes del tiempo disponible y los recursos empleados, aquí para finalizar nuestra presentación es importante que no se desinfle como un globo y que el momento del gran punto final se sienta como una pasa de uva.

Ya no buscamos darle un marco a nuestro mensaje. Ya lo hemos hecho durante su desarrollo. Ahora vamos a concluir reforzando los conceptos medulares para que el público se lleve lo fundamental y lograr un cierre que deje su huella. El espíritu de ese 10 por ciento que queremos que retengan será el faro que nos guíe. En esta etapa lo importante es focalizarse en el mensaje principal de la presentación. Si venimos realizando nuestro trabajo con eficacia, manteniendo el interés de la audiencia a partir de sostener un ritmo ágil en el que se combinan diferentes recursos y actividades, seguramente contaremos con buena atención por parte del público.

Sin embargo, para que el cierre resulte exitoso no alcanza con haber mantenido el interés de la audiencia. Ahora tenemos que generar impacto. Así como la introducción es determinante para marcar el rumbo de la presentación, ya que lo que está en juego es la primera impresión que generamos, el cierre es la etapa en la que el público termina de juzgar nuestro trabajo. Quizás realizamos un gran trabajo durante la introducción y el desarrollo, pero si en el final decimos frases trilladas, lugares comunes o mensajes confusos o ambiguos se corre el serio riesgo de perder todo lo logrado. Lamentablemente, en ese caso es probable que a pesar de todo nuestro esfuerzo terminemos por dejar una imagen negativa en la audiencia. Por eso, no alcanza con entender el cierre como una etapa de repaso en la que repetimos lo que ya dijimos hasta el momento. Hay que ir más allá y reformularlo, con la premisa de ser claros pero a la vez impactantes a la hora de transmitir nuestro mensaje.

En la charla de Iván, luego de enumerar los puntos centrales de lo que se entiende por "identidad", se plantea que esa es la forma en la que él querría ser recordado. Para finalizar, mira a la audiencia y formula la pregunta: "Ustedes, ¿cómo querrían ser recordados?".

Existen diferentes maneras de generar impacto. Podemos aquí también recurrir a contar una historia, atentos a que no conviene que sea extensa. Recordemos que estamos sintetizando y no podemos perdernos en detalles irrelevantes. Tenemos que ir al punto. Por lo tanto, una historia que contemos en esta etapa tiene que ser corta, precisa y sorprendente, de forma tal que impacte al público y de alguna manera lo interpele o lo invite a tomar una acción. Para darnos una idea de este tipo de relato pensemos en la estructura de un chiste. Los chistes suelen ser cortos y cuentan con un final impactante o inesperado que genera risa y sorpresa. Contar un chiste puede ser sumamente efectivo, siempre y cuando el desenlace del chiste sea lo suficientemente claro como para comprender el mensaje central a través de él. De igual manera, podemos citar una frase de algún pensador o compartir un dato estadístico. El criterio que utilizaremos para la elección de estos elementos siempre es el mismo: que impacte en la audiencia y que deje en claro lo que queremos transmitir.

En su libro *Charlas TED*, Chris J. Anderson[2] menciona varios finales que suelen representar recursos muy útiles para tener en cuenta. Entre ellos, propone lo que denomina "implicación personal" que tiene que ver con la declaración que el orador hace como un compromiso personal en relación con el tema que desarrolló: "Entonces, me comprometo a resolver este problema antes de la primavera del año…". También menciona el clásico "llamado a la acción" que invita a los participantes a realizar algún tipo de actividad: "Entonces, les pido que se reúnan con su gente y busquen ideas para resolver este problema. Resolvámoslo juntos y seamos parte activa de lo que querramos crear". Otro recurso posible es la "simetría narrativa" que significa finalizar con la misma frase del inicio pero con el nuevo sentido aportado a partir del desarrollo de la charla. En ese momento, las palabras son las mismas, pero la experiencia es bien diferente después de lo transitado durante la exposición.

Otro ejemplo

Hace muchos años leí un libro maravilloso de Neale Donald Walsh, *Conversaciones con Dios*[3], donde presenta una idea que me encantó y a la que agregué algunos elementos adicionales. Se trata de un juego de palabras que suelo emplear al finalizar muchas de mis actividades. Sobre todo aquellas re-

---

2. Anderson, C. J.: *Charlas TED*. Paidós, Buenos Aires, 2016.
3. Walsh, N. D.: *Conversaciones con Dios*. Editorial Grijalbo Mondadori, Barcelona, 1997.

lacionadas con temas de liderazgo personal. Este es otro de los cierres posibles para una charla: una enseñanza presentada de modo original. Tiene que ver con las maravillosas particularidades con que cuenta el lenguaje para regalar aprendizajes a partir de cosas simples. Así, existen palabras en español que resultan muy particulares. Son aquellas que nos muestran perspectivas más allá de lo que su significado inmediato propone. Una de ellas es la palabra "reacción". Entendemos que se trata de la respuesta dada ante un estímulo. Por ejemplo, si uno agrede, otro reacciona. Si alguien halaga, una reacción evidente, al menos en principio, será de alegría. Esta acepción ofrece entonces una perspectiva desde la cual podemos observar en la naturaleza un comportamiento por el que ante todo estímulo llamamos reacción a su debida respuesta. Es un silogismo evidente. Los organismos unicelulares, como las amebas, se comportan así. Estímulo es igual a respuesta. Toda respuesta es consecuencia única de su correspondencia estímulo. También, y a modo de metáfora, los seres humanos tenemos mucho de ello. El día está soleado y muchos nos alegramos; el cielo está nublado y otros nos entristecemos. Suena el teléfono y la ameba responde…

Volviendo entonces al concepto de reacción, el lenguaje también nos enseña algo más. Tal vez se trate de una enseñanza que podríamos llamar "oculta". O al menos no tan evidente. Se trata de que nosotros, los humanos, no somos organismos unicelulares como la ameba, sin embargo reaccionamos de manera lineal ante todo lo que ocurre a nuestro alrededor, como si lo fuéramos. De hecho, podemos elegir. Lo más importante es que podemos hacerlo de manera consciente.

Al mismo tiempo, esa misma lección nos invita de forma sutil a pensar en la idea de que también podemos generar grandes cambios sin necesariamente traer ni quitar nada. Tan solo con lo que hay. Lo único que podemos hacer es solo mover algo. Y al mover ese "algo" cambia todo. Es maravilloso.

Con el lenguaje ocurre lo mismo. Tomemos la palabra con que venimos trabajando: "reacción". A esa palabra, no le vamos a quitar ni agregar ninguna letra. Tan solo moveremos una de ellas y la ubicaremos en un lugar diferente. Así, con los mismos elementos (las letras) tendremos una perspectiva totalmente nueva. Tal como la naturaleza nos propone.

Tomemos entonces una de las "c" de "reacción" y ubiquémosla como primera letra de esa misma palabra. Llevémosla al inicio. La palabra quedaría entonces será "creación". De esta manera podemos notar que no agregamos ni extrajimos letra alguna. Solo moviendo la ubicación de una letra, cambia la palabra por completo.

La enseñanza que nos deja este mismo juego de palabras tal vez, será la de revisar en cuántas áreas de la vida nos encontramos en reacción y cuántas oportunidades de creación podemos encontrar, tan solo tomando el desafío de mirar con otros ojos. Mover algún elemento. No hace falta agregar ni quitar nada. Juguemos tan solo a revisar nuestras áreas de reacción y tal vez encontremos interesantes oportunidades para crear...

En síntesis

Resulta de suma importancia ser concreto y específico con cada palabra que utilizamos. Ya sea que venimos hablando durante más de una hora o durante 15 minutos, ya no hay tiempo para rodeos. Uno de los típicos errores con respecto al cierre es anunciarlo y después prolongar la presentación por varios minutos más. Escuchamos frases como "para terminar..." y luego "finalmente..." y después "por último...". Esto es una falta de respeto al público y una característica negativa del orador, que en lugar de tener claro el punto en el cual va a clausurar la presentación, realiza falsos cierres que le quitan contundencia al mensaje y credibilidad al presentador. He visto languidecer excelentes ponencias con presentadores enamorados del micrófono y el escenario, que nunca terminan de hablar o que superponen demasiadas ideas finales, generando gran confusión. El final de la charla debería estar muy bien pensado y aprendido. Debe ser filoso y concreto como el golpe certero de un hacha sobre un tronco.

Muchos presentadores terminan con frases del tipo: "para terminar, lo que quiero dejarles es…" o "lo que quiero que entiendan es…". En cualquiera de estos casos, no se trata de lo que el orador quiera o desee, se trata de lo que le sirva a la gente. Ni siquiera lo que el orador quiere que le sirva a la gente. Dejemos que sea el participante quien decida y no pensemos por él. En todo caso, hagámoslo pensar, invitémoslo a reflexionar. Reflexiones abiertas, del tipo "cómo sería si…" o "me gustaría que…", resultan más sugerentes y le permiten al público generar sus propias conclusiones.

Los recursos

Tal como hemos comprobado, la forma y el contenido están íntimamente ligados, por eso es fundamental tomar consciencia tanto de aquello que pretendemos presentar como de la forma en que vamos a presentarlo. Los recursos representan todo aquello que desplegaremos en la presentación para lograr que se cumplan los objetivos de la ponencia.

Los recursos audiovisuales

Programas de presentaciones

El primer recurso probablemente sea el más tradicional a la hora de darle forma a una presentación: el *Power Point* y alternativas similares como *Prezi, Keynote* o plataformas interactivas como *Google Docs, Slide Share,* entre otras. Este recurso digital llegó hace varios años para reemplazar a las clásicas transparencias. Ofrece la posibilidad de crear ambientes estéticos atractivos y brindar visibilidad a los contenidos de una presentación.

Si bien durante mucho tiempo el predominante *Power Point* tuvo una enorme utilidad en las presentaciones, es importante decir que, teniendo en cuenta la dinámica actual, el estado de ansiedad en el que vivimos y el ritmo vertiginoso al que estamos acostumbrados, este recurso nos resulta ya poco útil, al menos empleado en la forma en la que se ha hecho en el pasado. Hoy por hoy, someter al público a un bombardeo de *slides* desbordantes de información resulta contraproducente para lograr un objetivo de conexión y experiencia ágil. Asimismo, el contexto que produce la imagen estática en una sala en penumbra genera un clima mucho más pasivo que el que buscamos crear, si deseamos que la dinámica sea vívida y estimulante.

Según Garr Reynolds[4] una presentación efectiva debería seguir tres principios básicos del zen: simplicidad (Kanso), naturalidad (Shizen) y elegancia (Shibumi).

Muchos de los grandes oradores de este tiempo están empezando a desestimar el uso compulsivo del *Power Point* y aplicaciones similares o lo limitan solo a situaciones muy puntuales dentro de su ponencia. Muchas investigaciones han demostrado que las personas procesan con mayor dificultad un mensaje que les llega de forma escrita y oral a la vez. Lo que conviene, entonces, es que los *slides* sean solo un recurso al servicio del orador, y no al revés. Recordemos que nuestro objetivo con respecto al público es mantener su atención para compartir un mensaje, establecer una conexión y, de esa forma, cocrear una experiencia que ilustre, inspire y sorprenda.

Lo más peligroso de las aplicaciones con presentaciones es el efecto hipnótico que producen en quienes miran la pantalla. Muchas veces, la gente divaga en otros pensamientos al permanecer estáticos mientras se suceden los *slides*. Al tiempo, parecen perdidos, mirando al vacío. De esta manera, conectarse con la gente resultará muy difícil: por un lado tenemos a un presentador que habla sin detenerse durante un rato largo y por el otro a un público indolente que parece magnetizado por la pantalla, pero con su mente en otra parte. Esto es más propio de otras épocas. Hoy, las necesidades, las expectativas y los desafíos de atención son diferentes. Tampoco hace falta retroceder demasiado, no más de cinco años; este es un nuevo mundo con otras características y quienes logren entender la dinámica de esta época seguramente conseguirán conectar con su audiencia de manera mucho más contundente.

Por otra parte, algunos oradores cometen errores en el diseño y empleo de los *slides*. Por ejemplo, los utilizan como

---

4. Reynolds, G.: *Presentation Zen*. New Readers Publishing, Durban, 2007.

una muleta para tener a mano información que ellos mismos no recuerdan, y durante la presentación se ubican de espaldas al público para leerla. O, peor aún, tienen su computadora delante y, con la pantalla a sus espaldas, leen en voz alta desde la computadora y repiten literalmente todo lo que dice el PPT (*PowerPoint*) y se desentienden de lo que está sucediendo en la sala. Además de perder la atención del público, lo que falla aquí nuevamente es la conexión que se necesita establecer con la audiencia. Lo que pone en evidencia este tipo de errores es que el orador no se preparó suficientemente para la presentación y por eso se queda en estado de dependencia de la información de sus *slides* para llevar adelante su tarea. O también puede ser que en realidad sí se preparó, pero por timidez o vergüenza se esconde detrás del texto. En definitiva, termina envuelto y encerrado por el recurso que se convierte en un fin en sí mismo. Lamentablemente, esto los ubica en una posición muy frágil. Si la computadora o algún otro elemento fallaran, sería una catástrofe. Por otra parte, sin duda que constituye una falta de consideración hacia el público. Por ello la sugerencia es siempre preparar bien los temas y ¡animarse!

Otro error común es disminuir la intensidad de las luces de la sala y dejarla en penumbra para resaltar la luminosidad de la pantalla. Esta decisión le confiere a la pantalla un protagonismo innecesario hoy. Es lo único que está claramente visible en la sala, todo lo demás queda a oscuras, con lo cual la experiencia que le ofrecemos al público se limita a la relación focalizada con la pantalla. En lugar de ser un recurso, los *slides* pasan a ser el núcleo de la presentación. Sin embargo, nuestra experiencia indica que las presentaciones más vívidas se llevan a cabo en salas con buena luz; si es natural, mucho mejor. De no ser posible, lo más aconsejable es tener buena iluminación en toda la sala. La situación es más enriquecedora ya que el público, en lugar de establecer una relación fija con la pantalla iluminada, se enfoca en todo el espacio, también en los mensajes del orador y en sus propias experiencias. La dinámica se vuelve más vívida, es más fácil construir una experiencia compartida. ¿Qué sentido tendría, si no, trasladarse a un lugar esperando interactuar con un orador o con la sala, si toda la información puede leerse en una serie de *slides*? Si hay mucha luz y la pantalla no se ve bien no importa. El protagonismo no debe ser de la pantalla, porque de esta forma todos los presentes desaparecemos de la escena. Parece preferible sacrificar un poco la legibilidad para dar mayor protagonismo a los presentes.

Queda claro, entonces, que el centro de la presentación es la experiencia. El orador debe encargarse de transmitir personalmente el corazón de la presentación en lugar de delegar esa función en un PPT y debe hacerlo desde su individualidad, desde su ser único; ya hablaremos de ello más adelante. Ningún programa de diseño de presentaciones debe sustituir las posibilidades de comunicación y emoción que existen en cada uno de nosotros. Una parte fundamental a la hora de conectar con el público es poder ver los rostros de todos.

Si tomamos consciencia de que una de las claves que definen una presentación es nuestro desempeño como oradores, podremos aprender a valernos de todos los recursos disponibles para crear experiencias humanas cuyo valor esencial sea la conexión entre las personas.

Si de alguna manera resulta indispensable el uso de un PPT, ya sea por las características del público, las necesidades personales o el tema en sí, entonces puede resultar de utilidad tener en cuenta algunos criterios:

- **Oraciones breves**. No es necesario, al día de hoy, incluir textos extensos. No hace falta escribir oraciones completas. Tan solo palabras clave para que la oración completa pueda ser representada en vivo por el orador. De esta forma también se nutre la relación y la experiencia del participante que va construyendo en su mente la idea mientras lee y escucha.

Para el caso de citas textuales, puede representarse solo una parte o las palabras clave, si resulta muy extensa.

Cualquiera sea el caso, es importante cuidar la contaminación del texto. Cuando el *slide* está muy cargado pierde legibilidad y alienta el desinterés. El estándar general son siete palabras por línea y siete líneas por *slide*, aproximadamente. Cualquier exceso, puede abrumar.

El siguiente ejemplo muestra dos maneras diferentes de presentar un mismo texto.

- **Tamaño de texto**. Es importante que el *slide* pueda ser leído desde lejos, por lo que el tamaño de la letra es de vital importancia. Muchos presentadores descuidan este factor y se confían en que el tamaño de la letra apropiado sea el que pueden observar desde el monitor de su computadora. O diseñan una presentación como para ser vista en otra computadora. Luego, al momento de proyectarla en la pantalla, no se puede entender lo que dice.

- **Cantidad de** *slides*. Como dice un antiguo refrán: "menos es más". La función que cumplen los *slides* es dar visibilidad a un concepto y reafirmar o subrayar una idea. Si un concepto tiene gran complejidad o posee abundante información a transmitir, resulta de vital importancia la síntesis, de forma tal que no atormente con la información. Hay presentaciones que tienen cientos de *slides* y que incluso son presentados a velocidades frenéticas. Es cierto que a gran velocidad puede que no aburran, pero pueden generar importantes dosis de confusión o producir histeria incontinente en el público. El criterio a tener en cuenta entonces es simplificar y eliminar todo lo superfluo de cada imagen, para dar más protagonismo a la experiencia completa (el orador, los recursos, el ambiente, etc.). Una buena estrategia para decidir si mantener o no un *slide* es hacerse la siguiente pregunta: "¿es realmente necesario presentar esta imagen o esta información?". Si la respuesta es "no" o "no sé", entonces se puede eliminar. La única respuesta válida para mantenerla es "sí, es imprescindible". Muchas veces, pueden eliminarse imágenes que son reemplazadas por algún relato o explicación adicional. Es importante cuidar el ritmo de la presentación a todo nivel. Los *slides* no escapan a esta regla. Se trata de algo más que un recurso meramente estético. Es la experiencia que la audiencia tiene acerca de lo que se está mostrando.

- **Tratamiento de imágenes**. Uno de los estándares más usados en estos tiempos es el empleo de imágenes de buena calidad, con buena definición y en pantalla completa.

"Una imagen vale más que mil palabras", dice otro viejo refrán. Entonces, resulta útil encontrar imágenes que representen aspectos o mensajes centrales de lo que se desea transmitir. Incluso, puede realizarse un montaje con un texto que luego se desarrolle de manera oral. ¿Qué ideas sugiere esta imagen?

Una puerta y un camino...

con infinitas posibilidades

- **Empleo de colores.*** Los seres humanos somos criaturas visuales, pero pocos saben cuál es el impacto que tienen los colores sobre cómo nos sentimos y el modo

---

* **Nota**: Agradezco a Paula Estrada (coach ejecutiva y diseñadora gráfica), quien me brindó la información referida en este apartado.

en que respondemos a ellos. El color está dado por todas las radiaciones que existen en nuestro entorno y nuestro ojo reacciona de diferentes formas a esas ondas de luz. Por eso, el uso adecuado es relevante en el diseño de una presentación y va mucho más allá de la estética. ¡Es un instrumento muy poderoso!

Tener en cuenta el contraste requiere considerar la luminosidad del color sobre el fondo que se proyecta. Existen tres grupos de colores que responden a la sensación térmica, la experiencia psicológica que producen y la relación con el contexto.

– Los colores **fríos**: grises, azules, violáceos y verdes dan sensación de pulcritud y distancia. Cuanto más azul, más frío resultará.

– Los colores **cálidos**: anaranjados, amarillos y rojos son estimulantes. Atraen la atención, despiertan emociones, motivan y agilizan. Generan proximidad e intimidad. Cuanto más rojo, más cálido será.

– Los colores **neutros**: blanco y negro combinan con todo, dan sensación de fortaleza y solidez.

Lo importante es generar armonía, equilibrio y un buen contraste. No se aconseja colores vibrantes para grandes superficies ni tampoco mezclar en la misma pantalla más de tres colores; la idea es simplificar y limitar el uso de colores innecesarios, y mantenerse lejos de los degradados.

Para emplearlos y combinarlos de manera adecuada, primero debe identificarse el mensaje a transmitir en esa imagen y las emociones que se desea generar en la gente. Una vez identificados, puede entonces considerarse los siguientes recursos:

– **Monocromáticos**: es un mismo color en varios tonos o matices. Esto dará sensación de armonía y será agradable a la vista.

- **Análogos**: son dos colores que se encuentran uno al lado de otro en la rueda de color (presentada en el gráfico siguiente). Este enfoque añade variedad pero sigue siendo seguro. Ayuda a que el público preste atención.

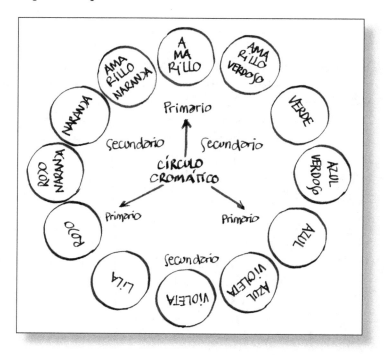

- **Complementarios**: dos colores que se encuentran uno frente a otro en el círculo cromático. Conseguirán atraer la atención, pero el cerebro se sobrecarga. Sirve para provocar. Puede generar algo de malestar.

¡La aplicación cuidadosa del color es la clave! No es necesario llenar de colores una presentación, con solo realzar lo importante es suficiente.

- *Slides* **con fondo negro.** A veces, durante muchas presentaciones queda una imagen de fondo cuando el tema que se está presentando con esa imagen ya finalizó. Así, de repente el presentador muestra en pantalla un gráfico con la evolución de un determinado proceso. Luego continúa con otro aspecto del tema, pero aún sigue proyectado en la pantalla el gráfico anterior.

  Para poder cubrir una experiencia completa, las imágenes de fondo siempre deben estar en sintonía con lo que se está diciendo. Si al avanzar con un tema y pasar a otro aspecto no hay imágenes que mostrar, entones, se puede colocar un *slide* en negro o poner la pantalla en negro presionando la tecla "b" o "n" del teclado. Esto contribuirá también a que la mirada de la gente no esté siempre fija en la pantalla al mismo tiempo que agrega a la experiencia una dinámica mucho más activa. Disminuir la cantidad de *slides* e incluir algunos en negro contribuye de manera favorable a que las imágenes en la pantalla se incorporen a la experiencia general, sin absorber todo el protagonismo de la experiencia. Una vez más, no es necesario buscar una imagen para cada idea; solo debe buscarse para los conceptos principales.

No obstante, resultará positivo consultar a un experto en el uso de estas herramientas para poder extraer de ellas el mayor provecho posible.

En muchas empresas es muy común que los líderes deleguen en sus colaboradores el diseño y armado de sus presentaciones. Si bien es una tarea que demanda tiempo y dedicación, esa misma energía invertida en el armado contribuye a madurar de manera óptima la presentación. Es un tiempo muy valioso destinado a estar más en contacto con ella. Al igual que un padre le dedica tiempo a su hijo, o una pareja a su amor, una presentación de calidad cuyos mensajes sean genuinos desde quien los dice y puedan dejar su huella en quienes lo reciben requiere que sea diseñada por quien la va a dar. Un experto o un profesional pueden asesorar a un orador acerca de cómo expresar mejor un mensaje o cómo utilizar más eficientemente una imagen o las mejores estrategias para que el diseño de la presentación tenga el atractivo buscado. Sin embargo, debe ser siempre el presentador el artesano de su presentación. Considero un desperdicio innecesario el delegar esta tarea. Tal vez pueda delegarse el manejo de aspectos técnicos, pero nunca el arte de elegir una imagen, un texto, las palabras más adecuadas y la selección de qué mostrar y qué no.

Videos

Otro recurso que podemos utilizar son los videos. En esta área, disponemos de un rango de recursos muy amplio. Un video renueva la escena y genera un cambio en el ambiente. Los hay de toda índole y para toda situación. Hoy existen plataformas como YouTube o TED que son espacios sumamente atractivos donde encontrar videos de calidad para ejemplificar un tema, crear un determinado ambiente o presentar alguna idea.

Desde videos inspiradores, virales de Internet, de capacitación o conceptuales, hasta documentales o fragmentos de películas de ficción. La utilización de estos recursos audiovisuales permite interrumpir la inercia que se genera a partir de estar exponiendo durante cierto tiempo. Volvemos a mencionar la limitada capacidad de atención con la que por lo general cuenta el público hoy día. Siempre es importante renovar la fluidez de la presentación en ciclos de entre cinco y diez minutos. Tenemos que ofrecer algo que vaya más allá de las palabras. No podemos pretender que el público mantenga su atención ininterrumpida escuchándonos todo el tiempo, salvo que seamos expertos oradores como aquellos que pueden hablar por largos períodos sin que la gente se canse o se distraiga. La utilización de videos sirve para dar nuevos aires a la presentación, cortar la monotonía y ofrecer un medio diferente de conexión.

Al mismo tiempo, utilizar un video es de gran utilidad para que el orador pueda renovar sus energías y prepararse mejor para lo que sigue a continuación. Recordemos que la dinámica tiene que ver con el nivel de intensidad con el que llevamos a cabo nuestra tarea. Si nosotros, como oradores, nos desgastamos o dispersamos, la presentación pierde fuerzas.

Por otra parte, mostrar un video en el que habla un especialista refuerza la legitimidad de nuestra presentación. Nos permite apoyarnos en la voz de alguien que tiene conocimientos profundos sobre un tema con el fin de robustecer nuestra propuesta.

Lo ideal es que la extensión de los videos sea la adecuada. En una ponencia breve, uno muy extenso puede ser inadecuado. También es importante que los videos no terminen por distraer o por ocupar una porción mayoritaria de la escena. Un criterio válido a emplear es considerar que el video no supere el 20 por ciento del tiempo total. Así, para una conferencia de una hora, no debería haber videos que superen los 12 minutos, por ejemplo.

La correcta elección del video incluye una verificación de sus características técnicas. Si la calidad de la imagen o del audio es mala, puede generar malestar y dispersión. Muchas veces elegimos videos que nos gustan cuando los vemos en una pantalla pequeña, como la del celular o una tableta, pero tenemos que considerar que en el momento de la presentación las imágenes van a reproducirse en una pantalla mucho más grande. Esto puede hacer que el mismo video pierda calidad al ser ampliado. Para que los recursos tengan la eficacia deseada, es preciso utilizarlos con pleno conocimiento de sus características y de los medios a través de los cuales vamos a emplearlos; por lo tanto, siempre conviene hacer pruebas previas a la presentación.

Si bien hoy existen en Internet numerosos tutoriales que explican paso a paso cómo producir y editar un video, al igual que cualquiera de los otros recursos disponibles, la asistencia de un experto siempre contribuirá al desarrollo de un diseño final de calidad.

Música

La música es una herramienta de gran ayuda si sabemos manejarla bien, ya que puede resultar una gran aliada en la generación de la experiencia. Ya sea en el inicio, durante algunos momentos de la presentación o al final, la música funciona como la banda de sonido de un film. Es una herramienta muy potente para crear climas de todo tipo.

Una música que suene mientras los participantes ingresan y se acomodan en la sala puede generar un clima particular antes de iniciar la presentación.

A veces puede ser útil emplear música divertida y alegre antes de empezar una actividad. Esto ayuda a distenderse y crea buena predisposición en la gente, ya que suele sorprender. Sobre todo en ámbitos formales en donde el contexto más rígido suele cohibir a los participantes.

También esta sería una disrupción interesante, que cree en la gente cierta curiosidad desde antes de empezar. Obviamente, puede emplearse incluso en los recesos o al final de la presentación. Como en las películas o en los noticieros de TV, la música ocupa un lugar sumamente importante. Una compañía invisible que puede emocionar a quienes están en la sala. Aun durante la presentación, mientras se realiza algún ejercicio o una actividad en grupos, la música puede convertirse en la banda sonora de la experiencia.

La versatilidad de este recurso permite adjudicarle diferentes niveles de protagonismo según las necesidades. A veces puede ser una suave compañía, mientras que en otros momentos puede ser un llamado a la acción. También puede emplearse para energizar a la sala si ha pasado algún período prolongado de exposición y se hace necesario revitalizar a la gente. Puede ser un elemento de sensibilización si se incluye alguna canción con una letra inspiradora relacionada con el tema que se está presentando. Puede ser una melodía instrumental, que invite a reflexionar o a conectarse unos con otros en la sala. En definitiva, esta herramienta abre un abanico enorme de posibilidades para lograr el impacto buscado.

Y por supuesto, el videoclip de una canción bien elegida también puede ser un óptimo ejemplo del tema que se está exponiendo. Durante la presentación, proyectar un videoclip o hacer sonar la música y mostrar la letra en la pantalla puede resultar muy efectivo para motivar o iniciar una actividad. Las canciones también son poesía o narran historias, y en cualquier caso pueden ser movilizadoras.

Al fin y al cabo, la música es el arte de las musas; por ello, no es de extrañar que acompañe muy bien los procesos creativos. Por algo tanta gente escucha música mientras trabaja.

RECURSOS → • AUDIOVISUALES: con poco Texto y buenas imágenes

• VIDEOS: inspiradores, virales, de capacitación, documentales

• MÚSICA: al ingreso del público, durante la presentación o en el cierre de la presentación

Las actividades

Una actividad es cualquier situación que involucre a los participantes en un modo interactivo. O sea, un estímulo que los ubique como protagonistas y los invite a participar. Por todo lo dicho hasta aquí, sabemos que las presentaciones unidireccionales, de tipo monólogo sin ningún tipo de interacción, pueden resultar difíciles de seguir para un público que no logra sostener su atención durante largos períodos de tiempo. Por ello, las actividades son una excelente alternativa para modificar la situación del orador único, aportando dinamismo y oportunidades de aprendizaje a partir de las vivencias que generan.

Desde una Oratoria Consciente podemos diseñar una charla en torno a dinámicas que ayudan a generar una experiencia de conexión entre el tema, el orador y el público. Así, un primer factor a considerar es el tiempo con el que contamos y el modo en que lo administramos. Como regla general, en presentaciones de alrededor de una hora es aconsejable incluir al menos tres actividades (dos de ellas podrían ser breves, de cinco minutos como máximo) y que sean diferentes entre sí. Ello surge del principio de la capacidad de atención sostenida en la gente, que no debe superar los 20 minutos por vez.

Recordemos que para organizar el desarrollo de la presentación es fundamental tener presente la curva de aprendizaje del tema (según su grado de complejidad), las características del público y la articulación con los elementos de su diseño (el tiempo necesario, el espacio disponible y los materiales requeridos).

Las actividades pueden entonces clasificarse, de acuerdo con el modo en que se formulan, en:

- **Con interacción directa**. Donde los participantes comparten e intercambian diálogos con el presentador. Por ejemplo, se ponen de pie y comparten con el orador y el resto de la audiencia alguna idea, experiencia o comentario.

- **Con interacción general o masiva.** Donde los participantes responden a premisas generales; por ejemplo, levantando la mano ante preguntas que el presentador formula o desplazándose por la sala organizándose en grupos de dos, tres o más personas para realizar una determinada tarea.
- **Con interacción indirecta.** Cualquier actividad en la que el participante no necesite intercambio explícito con el orador, realizando una tarea individual desde su lugar. Participa pero de manera introspectiva. Por ejemplo, responder por escrito alguna consigna dada o contestar un test; o bien puede realizar un ejercicio de relajación, una meditación o una visualización guiada. Con independencia del número de participantes, este tipo de actividades es muy útil para generar dinamismo durante la ponencia.

Tipos de actividades

También existen varios formatos para realizarlas. Las opciones son muchas, pero proponemos aquí algunas genéricas con el propósito de ofrecer algunos disparadores para que cada uno pueda luego profundizar mediante su propia investigación lo que considere necesario.

Ejercicios. Son procesos a través de los cuales se busca generar una vivencia sobre un concepto o idea. El aprendizaje se produce a partir de la experiencia, como así también por la reflexión posterior que generan y la consciencia que el participante puede adquirir luego de haber aplicado por sí mismo lo aprendido. Los ejercicios a realizar pueden ordenarse de múltiples formas. Sugerimos a continuación algunas posibles.

91

- **Dinámicas vivenciales**. Son actividades donde dos o más personas simulan una situación real sobre un concepto que se quiere transmitir o enseñar. Por ejemplo, para realizar un ejercicio sobre la escucha activa en la comunicación se pide a los participantes que se coloquen en parejas. Uno de ellos pretenderá que el compañero es un amigo a quien le cuenta algo importante y el otro hará de cuenta que eso no le interesa. Luego intercambian los roles. Al finalizar la actividad, se puede reflexionar sobre cómo funcionó la comunicación cuando se hablaba a alguien que no mostraba interés en escuchar y se presentan diferentes técnicas para lograr una escucha activa ante situaciones similares. También pueden utilizarse para entender un procedimiento, el funcionamiento de un sistema, la operatoria de una máquina, etc. Ello se hace organizándose en grupos y realizando pruebas de ensayo y error sobre aquello que se está buscando aprender. Y así repetidas veces hasta responder satisfactoriamente al proceso.

- *Role playing*. Es un derivado de las anteriores, pero aquí se propone una dramatización, una puesta en escena relacionada con situaciones concretas. Pueden presentarse en varios escenarios. Uno de ellos consiste en solicitar a dos voluntarios que pasen al frente y se les entrega alguna instrucción confidencial a cada uno para que representen en ese momento ante el auditorio. De lo que allí ocurra, luego el facilitador puede extraer los contenidos y reflexiones pertinentes. Otra modalidad posible, puede ser organizar a todo el grupo en parejas. Cada integrante recibirá esas instrucciones confidenciales y realizarán esa misma actividad, pero todos al mismo tiempo. En lugar de observar lo que realizan dos personas, lo viven ellos mismos. Por ejemplo, un caso de negociación donde el participante A debe resolver algún conflicto con el participante B. Simultáneamente, cada pareja llevará a cabo la negociación y, después de unos minutos, el facilitador planteará algún tipo de diálogo con los participantes para evaluar la experiencia y proponer los conceptos teóricos que sustentan la vivencia. Esta etapa recibe el nombre de "rescate" o *debrief*. La primera de las modalidades (dos personas que actúan y todo el grupo observa) puede aplicarse en grupos grandes. Por su parte, el segundo puede realizarse con grupos pequeños.

- **Análisis de casos**. Esta es una metodología muy empleada en ámbitos educativos y, al igual que las actividades anteriores, puede llevarse a cabo de muchas formas. Consiste en la presentación de un determinado caso o situación (real o ficticia) que pone de manifiesto algún conflicto o dificultad relacionados con el tema que se quiere desarrollar, mostrar o enseñar. Luego se pide que en pequeños grupos realicen un análisis del caso presentado, aplicando su propio criterio o algún modelo determinado. Finalmente, el facilitador habilita un espacio de interacción con el grupo para compartir en pleno lo producido por los diferentes grupos y proponer las estrategias o las soluciones que resuelvan el caso.

- **Tareas en pequeños grupos**. Bien puede ser una actividad que requiera el análisis de un caso o una tarea asignada específicamente para ser realizada en un tiempo dado. Por ejemplo, conversar para ponerse de acuerdo y encontrar respuestas a un enigma; hallar ideas creativas para dar con la solución a un problema, organizarse y trabajar en equipo para realizar una determinada acción, etc.

- **Juegos**. Representan la versión lúdica y divertida de todas las opciones antes mencionadas. En ellos prevalecen la imaginación y la simulación como motor de la tarea. Esencialmente, su premisa es la exploración, la curiosidad y la apertura hacia nuevas configuraciones de aprendizaje en un espacio protegido. En el juego, el error no tiene consecuencias (o al menos, así debería ser) y favorece una actitud más despojada de intencionalidad que en el día a día. Al mismo tiempo, ofrece una ventana al mundo simbólico de las personas y permite reconocer el modo en que se relacionan con diferentes estímulos. Por eso, este es un recurso muy empleado en muchos escenarios ya que permite hacer visibles y ampliar los patrones de conducta que resultan transparentes en las actividades cotidianas. Por otra parte, los juegos son como los chistes; su eficacia no necesariamente radica en sus cualidades intrínsecas sino en la atmósfera que logra crear quien lo dirige. Si un buen chiste está mal contado, no generará risa, y viceversa. Así, el modo en que transita los momentos de la actividad quien la utiliza es lo que dará la comprensión, la atención y la disposición de la gente para entregarse a la experiencia.

Existen juegos extensos y breves, fáciles y difíciles, para grupos grandes y reducidos. Por lo tanto, sin importar sus características, la clave será identificar los más adecuados según los tiempos, el público, el espacio físico y los temas que ellos traigan de la mano.

Cómo presentar ideas, temas y conceptos

La agilidad que buscamos al realizar una exposición o la presentación de una actividad puede surgir de romper con la verticalidad de un orador que expresa verdades universales para que otros las aprendan. Es muy distinto expresar "cuando estamos felices nos sentimos bien" que proponer una interacción diciendo "cuando estamos felices, ¿qué nos pasa?". Es cierto que si hacemos una pregunta tan amplia podemos recibir respuestas útiles y acertadas, como también posibles comentarios fuera de lugar, o simplemente silencio. La gente siempre responde de alguna manera en su mente pero no siempre lo expresa en voz alta. No podemos predecir lo que alguien puede contestar, pero sí debemos estar muy conscientes de adónde queremos llegar cuando desarrollamos una idea. Las preguntas a la audiencia permiten construir junto con ella el concepto, armándolo paso a paso. Si la respuesta a una pregunta no llega fácilmente, se puede continuar preguntando hasta lograr avanzar y que el tema madure en la gente hasta arribar a la conclusión buscada. Por otra parte, algunas respuestas que puedan estar fuera de lugar también pueden resultar útiles para sumar perspectivas no consideradas en la experiencia de participación y conexión, enriqueciendo la presentación. De todos modos, es importante la experiencia de intercambio que se produce.

Por otra parte, el desarrollo en la explicación de una idea debería tener una secuencia que permita captar la atención, lograr el interés y que las personas adopten como propias las propuestas que ese concepto presenta. La aplicación del modelo empleando las cuatro dimensiones de consciencia ofrecen un recurso muy válido para desarrollar una posible secuencia de presentación de una idea. En la sección Anexos, proponemos más ejemplos concretos, en el apartado Modelos de charlas breves.

Cómo facilitar una actividad

El modo de presentar la actividad, facilitar su dinámica y extraer luego las conclusiones, percepciones y aprendizajes representa un gran desafío para que esa actividad genere el efecto buscado.

- **Presentación del concepto**. Resulta conveniente generar apertura y curiosidad ante la actividad a realizar buscando que la gente se identifique con el tema y le encuentre valor al ejercicio que se está proponiendo. Eso se obtiene compartiendo su propósito aunque sin anticipar las conclusiones de lo que se desea lograr con la actividad. Por ejemplo: "Haremos una actividad para ver cómo manejamos conflictos", en lugar de "Haremos una actividad en donde verán la cantidad de errores que cometen ante un conflicto".

- **Explicación mediante ejemplos**. Para muchas personas resulta mucho más gráfico si se relaciona el tema que se presenta con algún ejemplo real. Las anécdotas personales, las historias de casos auténticos de otras personas o recursos como fragmentos de un film donde se plantea el tema pueden ser buenos disparadores para producir la conexión buscada con el asunto.

- **Realización de la consigna**. Es el momento de poner manos a la obra. Resulta importante entrar en la actividad sin prejuicios ni grandes expectativas. Las premisas de la tarea que se va a realizar deben enunciarse de manera clara y concisa. Las ideas deben ser breves y puntuales, con voz firme y clara. La mirada y el cuerpo pueden transmitir cierta seriedad, aunque sin gravedad. Si la consigna es clara, la actividad es estimulante y la propuesta es atractiva, entonces es más probable que la gente se involucre sin presentar resistencias. Si la consigna involucra varios pasos, es importante no presentar toda la información de una sola vez ya que probablemente resultará difícil seguirla luego. Lo ideal es ir explicándola por partes. Supongamos que dividimos al público en grupos de seis personas, y les pedimos que se sienten en círculo. Una vez ordenados, les solicitamos que primero cada uno realice en una hoja de papel algún dibujo de un objeto personal que valoren y les damos un par de minutos para realizarlo. Transcurrido ese tiempo, les indicamos que lo pasen a la persona que tienen a su derecha. Seguidamente, les indicamos que escriban en la hoja recibida un pequeño relato que les surja creativamente relacionado con el dibujo recibido. Les damos un par de minutos para realizar esa consigna. Luego, les pediremos que de nuevo pasen esa hoja de papel a quien tienen a su derecha y que le inventen un título a esa historia recibida. Así, la secuencia de explicación se realizará paso a paso, nunca todo a la vez desde el principio.

Por lo menos existen tres factores a tener en cuenta para seleccionar una actividad y organizar su explicación: las características del público, el tipo de actividad que pueda funcionar mejor (según los tiempos, el espacio físico, las condiciones técnicas, etc.) y el modo en que se puede involucrar la mente, el cuerpo y la emoción; o mejor dicho, la conceptualización, la reflexión y la acción. Si la actividad es muy racional puede generar un aprendizaje superficial. Si es muy corporal puede haber quienes se resistan por no estar acostumbrados a utilizar su cuerpo y se sientan ridículos al hacerlo. Si es demasiado emocional puede que algunos se encierren en sí mismos o se bloqueen. Ahora, ¿cuánto es demasiado de algo? Una de las muchas formas de equilibrar todos esos factores es buscar, al menos al inicio, que contenga un poco de cada una de esas características y observar las reacciones ante ellas para realizar los ajustes necesarios. En función de aquello que se perciba que funciona mejor en el mayor porcentaje de personas, será entonces en lo que más se enfocará luego. A modo de guía, puede considerarse el concepto de pirámide invertida del aprendizaje. Los modelos educativos tradicionales se organizan sobre un esquema de 70 por ciento de contenidos, un 20 por ciento de reflexión y un 10 por ciento de práctica. Lo cierto es que hoy día ese modelo resulta insuficiente para manejar la complejidad actual. Quienes nos hemos educado de esta forma, observamos que al final disponemos de mucha información pero poca experiencia en la acción. Hoy la fórmula es al revés: 70 por ciento de acción, 20 por ciento de reflexión y finalmente un 10 por ciento de teoría.

- **Aterrizaje del concepto**. A partir de lo vivido en la experiencia, ahora es el momento de integrar los conceptos trabajados en la actividad, cuando se toma consciencia de lo vivido y se articula con algún modelo de acción. Esta etapa recibe el nombre de rescate, recupero o *debrief*. Requiere una participación más activa de todos los presentes, que aporten sus experiencias para dar forma al conocimiento que compartan. Es el maravilloso reto de crear un momento de diálogo, escucha y colaboración donde se ponen en evidencia esos contenidos de manera concreta a través de una experiencia.

Aquí el orador se convierte en un moderador que invita a recrear la experiencia reciente mediante preguntas que lleven fácilmente a la participación. Si la pregunta sobre el tema central es directa y sin filtros, el riesgo es que algunos participantes se sientan intimidados o frustrados si perciben que no llegaron al fondo de la consigna durante la actividad. Tal vez lo logren durante este intercambio. Esas preguntas deberían invitar a participar, compartir, aportar y también a cuestionar. Por ejemplo, preguntas abiertas como: "¿qué pasó?, ¿cuál fue su experiencia?, ¿qué funcionó?, ¿cuáles fueron las dificultades?, ¿cómo las abordaron?, ¿cómo se relaciona esto con su día a día?, ¿qué podrían haber hecho de otro modo?". También se puede realizar la misma dinámica pero en pequeños grupos primero, para luego exponer las conclusiones en plenario donde un representante de cada grupo comparta las conclusiones de lo conversado.

Una experiencia muy nutritiva surge cuando el moderador consigue conectar todo lo dicho por los participantes, articular sus ideas y darle nuevas formas. Es un rol muy desafiante que requiere estar presente y atento para relacionar de forma creativa las ideas de lo que comparte la gente con los mensajes centrales que la actividad propone.

- **Conclusiones.** Como resultado de ello, al cierre de la actividad los participantes deben poder relacionar lo vivenciado con las ideas presentadas, para finalmente encontrar un valor concreto y práctico de aplicación a su propia vida. Será entonces un trabajo creativo por parte del facilitador el articular todos estos elementos para que los ilustren, inspiren y sorprendan.

La delgada línea del error

Sin embargo, puede ocurrir también que la gente no esté preparada para cierto nivel de reflexión o profundidad. Tal vez se sienta exigida o incómoda y se resista a las ideas que se proponen, o tenga pudor al observar sus errores. O simplemente esté más interesada en divertirse que en aprender. Es importante recordar que nuestro grado de consciencia nos permitirá identificar el estado del público y el nuestro, así como el valor del recurso empleado a través de la actividad. Esto hará más fácil el camino para dirigirse hacia el aprendizaje buscado. Puede que la actividad haya resultado inapropiada, o que fallara la facilitación por diversos factores (su complejidad, el contexto, la disposición de las personas, etc.). En cualquier caso, la preparación previa pudo ser insuficiente o errónea para responder a situaciones de esta naturaleza. ¡La consigna puede fallar! Durante las actividades pueden ocurrir numerosas situaciones: fallas técnicas, de comprensión de la consigna, del manejo de los tiempos, por el estilo inadecuado del facilitador o simplemente por el desinterés del público. En cualquiera de los casos, la posibilidad de devolver a la gente la autoridad para encontrar valor en la experiencia vivida (con independencia de fallas, errores e inadecuaciones), siempre resulta positiva. La clave son el respeto y el cuidado del contexto y de la gente. Resulta mejor decir "Observo que con esta actividad no se logró lo que pretendía, pero les propongo de todas formas explorar oportunidades para encontrar una utilidad positiva a esta experiencia", que culpar livianamente a los factores externos. Es importante mantener la calma antes de buscar responsables. El foco debe estar en la experiencia y en la búsqueda de valor. Tal vez, un error en una actividad pueda incluso brindar una posibilidad para trabajar con un factor antes no considerado, como por ejemplo el manejo de actitudes como la ansiedad, la tolerancia a la frustración, o para profundizar en valores como la colaboración, la perseverancia y la compasión. Se pueden trabajar habilidades como la creatividad o la resolución de conflictos y una larga lista de beneficios ocultos latentes detrás de una falla. Estos temas pueden proponerse junto con la gente en la búsqueda de un valor adicional. Claro está, siempre que exista una buena disposición de las personas a recibir estas propuestas.

Esto mismo funciona también para una propia introspección sobre estos temas. Como oradores debemos considerar la ley de promedios: cuanto más veces se realice, más nos acercamos a la estadística. Cada cierto porcentaje de actividades es casi inevitable que nos crucemos con situaciones inesperadas, públicos difíciles o errores de diversa índole. El foco no debería estar en la estadística sino en el modo en que nos preparamos para ello y lo que hacemos en consecuencia cuando sucede. Como dice el viejo refrán "lo que no mata, fortalece".

El error es un gran aliado del aprendizaje y, sobre todo, es un llamado a la humildad.

De todas formas, recordemos que siempre podemos tener a mano recursos para aceptar lo que ocurre y seguir construyendo con la gente… y con nosotros mismos.

El arte de tomar los comentarios y de manejar situaciones complejas

Este arte se conoce también como trabajar con los emergentes. Aunque también es importante destacar que los emergentes no son consecuencia necesaria de un error de proceso o facilitación. El emergente es todo aquello que ocurre como resultado de una acción. Esta es otra herramienta maravillosa de un buen facilitador. Saber trabajar con los emergentes significa observar, reconocer y procesar en tiempo real lo que ocurre en una interacción o situación. Requiere saber escuchar lo que se dice y lo que no; observar lo que se percibe y articular interpretaciones útiles de lo que no se ve. Implica poder desafiar respetuosamente, pero con rigurosidad. Con empatía y sin perder asertividad. Con humildad pero sin perder firmeza. Por último, requiere también ser flexible para adaptarse al estilo y perfil del grupo, confiando en que damos lo mejor de nosotros y seguros de que esa intervención es con la intención de construir una experiencia valiosa para todos los involucrados.

El *storytelling*

Continuando con los recursos posibles para emplear en una presentación, la narración de historias es uno de los medios más antiguos que existen para vincularnos entre personas y también es uno de los más efectivos. Entonces, en lugar de abordar un tema de forma directa podemos hacerlo a través de un relato, para que lo que queremos decir surja de la historia narrada. Al contar una historia damos cuerpo al tema creando una atmósfera que atrae al público y nos ayuda a acercarlos de manera amigable al núcleo del mensaje que queremos transmitir sin importar el tema.

Había una vez...

Muchas veces, tendemos a reaccionar mejor a un planteo hecho en clave narrativa que a una exposición académica. Para amenizar la presentación, cuando contamos una historia utilizamos elementos como la intriga o la sorpresa, que son muy útiles para mantener la atención del público. Este recurso no solo sirve para que la presentación resulte ágil, también es importante a la hora de fijar conceptos, ya que las historias en sí suelen ser uno de los aspectos más recordados por el público en las presentaciones. Después de todo, contar historias es algo que hacemos desde tiempos inmemoriales. Antes, los seres humanos nos reuníamos alrededor del fuego para contar historias. Más tarde usamos historias de dioses, semidioses y hombres para aprender a través de los mitos. Hoy, nos reunimos frente a la TV o vamos al cine para conectarnos con historias de toda índole. O las leemos en un libro. O las contamos y compartimos en redes sociales.

Todos somos contadores de historias, así sean las que compartimos o que las que nos contamos a nosotros mismos en nuestra mente. Lo hacemos constantemente, casi sin darnos cuenta. Dicen los expertos que lo hacemos para dar sentido a los que nos pasa, a lo que vivimos. Por ejemplo, cuando le contamos a un amigo algo que nos ocurrió, muchas veces lo adornamos como si fuera toda una odisea digna de una producción cinematográfica. Comenzamos, por ejemplo, diciendo: "No sabés lo que me pasó" y así vamos generando intriga y capturando su atención.

En los pasillos de las empresas contamos y escuchamos historias de todo tipo, que no se diferencian demasiado de las que vemos en nuestras series favoritas o en las películas que nos atrapan. Estamos acostumbrados a esto desde niños, cuando nos dormíamos con el cuento que nos contaban papá y mamá. De grandes, a la noche, escuchamos las historias del noticiero o del capítulo de una serie. Si abrimos el diario, nos encontramos con historias variadas. Por ello, nuestro trabajo como oradores al momento de contar historias no difiere de la labor de un periodista cuando relata la crónica de un acontecimiento o propone su mirada acerca de un tema. La manera en la que cuenta la historia evidencia su estilo personal, una línea editorial y hasta podría adivinarse el impacto del artículo en los lectores que lo siguen o los televidentes que lo observan.

Aquí resulta importante subrayar que, pese a lo que muchos creen, el arte de narrar puede utilizarse no solo para historias de vida o datos testimoniales, sino también para expresar un balance financiero o para explicar un concepto técnico de cualquier ámbito o industria. No puedo dejar de recordar hoy a una querida profesora que tuve en la escuela secundaria que tenía una increíble habilidad para enseñar una materia que odié durante una parte importante de mi adolescencia: Historia. Realmente me resultaba insoportable el tema, pero esta mujer mostraba tanta pasión y encontraba siempre un relato asociado a cada cuestión, que logró que disfrutara de su materia mientras la tuve como docente. Las alianzas e intrigas de la toma de la Bastilla, las relaciones entre faraones, la búsqueda del conocimiento en la antigua Grecia (entre otras historias) son solo ejemplos de recuerdos que aún conservo. Creo que allí radica una de las grandes claves: poner nuestra pasión personal al servicio de la narración.

Llevo muchos años trabajando con organizaciones de toda índole: empresas financieras, de sistemas, alimenticias, de salud, automotrices, etc. Muchas de ellas, multinacionales. Este tipo de negocios se caracteriza por la organización en torno a procesos, objetivos, números y esquemas productivos que rigen la dinámica del trabajo de las personas. No obstante, todos tienen algo en común hoy día: en el momento de transmitir mensajes, debido a su formación técnica o sus modos habituales de comunicar, los narradores corren el gran riesgo de perder la atención de quienes están escuchando. Son profesionales exitosos, expertos y muy capaces en sus áreas de trabajo. Sin embargo, a la hora de comunicar, muchos omiten un componente clave para acercar sus mensajes a la órbita de lo emocional, lo sensible, lo humano. Se trata del componente creativo. Allí es donde empieza el verdadero trabajo para lograr presentaciones de mayor impacto. Podrían suavizar su tema agregando algún hilo narrativo que ofreciera un marco, vinculándolo, por ejemplo, con una noticia del día, alguna anécdota personal relacionada con el tema o hasta con una historia de dragones y princesas, para que las personas que escuchan pudieran conectarse con su mensaje de una manera diferente y hasta novedosa.

Tomemos como ejemplo el arte como forma de narrar historias. Los artistas nos conmueven cuando utilizan su talento para mostrar algo con lo cual nos identificamos y nos reflejamos pero expresado de una forma diferente. Pensemos en canciones. Los músicos expresan en sus letras cosas que nos ocurren a muchos y hasta por momentos pareciera que solo nos están hablando a nosotros, ya sea para recordarnos la tristeza de un amor perdido o contagiarnos el coraje para enfrentar miedos, o para conectarnos con cualquier otro episodio de nuestras propias vidas. Esa es la mejor experiencia que ofrece el arte. La posibilidad de vernos a nosotros mismos en la letra de una canción o en una poesía. Esa emoción nos une con el artista y con el resto de las personas que se sienten conmovidas por una expresión artística. Así nos acercamos; se genera una conexión desde lo emocional y nos identificamos con los demás. Ahora bien, el reto está en lograr una expresión semejante al hablar, por ejemplo, de los números fríos de un balance financiero. Si conseguimos revestir esos números de una dimensión emocional, el proceso de identificación de la gente con los aspectos más técnicos de una presentación va a ser mucho más efectivo.

Hace un tiempo, un director de operaciones de una importante cadena de supermercados (minorista), debía presentar a todo el equipo de líderes de la compañía los números de su gestión. Entre los datos a mostrar figuraban las pérdidas y desperdicios de los productos perecederos expresados en toneladas. Era un número muy grande y de difícil asimilación. Para plantearlo, recurrió a una metáfora y le propuso al público que imaginara los camiones de transporte de sus productos cargando la totalidad de los desperdicios generados en un trayecto que va desde la planta central de distribución hasta una distancia de 50 kilómetros, uno detrás del otro.

Por eso, el valor metafórico de crear una historia alrededor de un concepto es muy poderoso. No importa dónde comenzamos, cuál es el dato de origen, el concepto o la naturaleza de lo que queremos transmitir. Las historias envuelven, identifican y conectan a la gente con los mensajes de fondo. Para generar este tipo de expresión tomemos la estructura de una danza. Las danzas generalmente tienen dos o tres movimientos que se repiten y combinan de infinitas formas a lo largo del baile. La interacción y la combinación entre esos movimientos es lo que confiere la belleza al conjunto y que produce la emoción en el espectador. Tomando esta metáfora, cuando contamos una historia podemos apoyarnos en dos movimientos básicos, y a partir de allí ir entretejiendo nuestro relato.

El arte de contar historias puede ser abordado desde diferentes ángulos. Aquí me enfocaré en la mirada que me ofrece mi amada actividad como coach. Cuando trabajamos con alguien, los coaches primero buscamos los objetivos. Luego continuamos con la exploración de datos concretos para seguir con la búsqueda de perspectivas y estrategias. En la conversación de coaching siempre aparecen relatos de toda índole. Los datos de esos relatos ocupan su debido lugar. Así, podemos expresar, por ejemplo, las acciones concretas que alguien realizó o las condiciones físicas de un ambiente. Podemos hablar de una temperatura de 22 grados centígrados o de un ambiente de 20 metros cuadrados, de la velocidad o de la cilindrada de un motor. También es posible mencionar la distancia en kilómetros que existe para desplazarse de un lugar a otro, etc. Ese es el terreno de los datos, la información. Al referirnos a personas, por ejemplo, podemos describirlo como un adulto de sexo masculino, de un metro setenta y cinco centímetros, de unos cuarenta años de edad, de pelo castaño. Son todos datos relacionados con el terreno de lo objetivo. En términos de *storytelling*, cuando expresamos los datos, lo que hacemos es brindar elementos a quienes escuchan para que puedan hacer en su mente una imagen de lo que contamos. Hay una gran diferencia entre la expresión "Se acercó una persona a hablarme" y esta: "Se acercó una mujer de unos treinta años, de pelo rubio y ojos celestes, con un vestido blanco entallado, collares de colores y anillos en ambas manos. En su sonrisa podía observarse la blancura de sus dientes". La imagen mental puede ser más o menos precisa dependiendo de la minuciosidad de la descripción. Este es uno de los dos movimientos de la danza.

El otro movimiento, que se articula con los datos, tiene que ver con las opiniones y las interpretaciones personales asociadas a lo que queremos contar. Primero están los hechos y a ello le adosamos los juicios que hacemos de esos hechos; o sea, el ángulo a partir del cual tomamos esos datos o la forma que tenemos de relacionarnos con lo que percibimos. Entramos en el terreno de lo subjetivo, aquello que nosotros aportamos a los hechos desde nuestra propia perspectiva, desde nuestra singularidad. No es lo mismo describir a la mujer que se acerca a mí a partir de datos como su altura, su vestimenta o su color de ojos, que expresar "Se acercó con una sonrisa que me derretía". No es lo mismo hablar de los treinta pasos que me separan de un sujeto sospechoso que decir "Mientras recorría esa distancia hacia él, sentía un miedo espantoso". La sonrisa que me derretía y el miedo que sentía al acercarme son aspectos subjetivos de las experiencias que estoy narrando. Mientras los datos crean una imagen mental, las interpretaciones construyen la emoción del relato, les otorgan una intensidad subjetiva a los hechos, transmiten la sensación personal que surge de nuestra interioridad en el contacto con el mundo. Para crear una experiencia que involucre al público es preciso articular estos dos movimientos como si fueran los de una danza. Los hechos y las interpretaciones se mezclan y se conectan de forma tal que lo que creamos en la audiencia es una imagen mental asociada a sensaciones, una proyección en la que se perciben emociones a partir de las cuales la gente se identifica, se reconoce y se siente reflejada. Los coaches acompañamos a nuestros clientes a entender esta dinámica y disolver la posible confusión que generalmente existe entre estos dos aspectos de la realidad. Lo objetivo muchas veces se confunde con lo subjetivo y ello trae muchas de las dificultades que surgen para lograr lo que deseamos. Esta práctica, llevada al terreno de la oratoria, nos permite "cuidar" la creación de relatos de manera que los pasos de la danza no se confundan entre sí. Al ordenar los relatos, se desarman muchos de los nudos que impiden ver las soluciones que buscamos. Este mismo trabajo bien puede ser realizado por un presentador al tratar un tema y traer en su relato la oportunidad para que la audiencia dance junto con él.

Cuando el público se conecta con las historias, nos da su permiso para entrar en su mente y nos regala un pequeño espacio allí. Ese es el momento especial para presentar nuestros mensajes. Por ejemplo, podemos utilizar el personaje de la mujer con la sonrisa que derrite para que sea ella quien diga en su discurso lo que queremos transmitirle al público. O podemos contar lo que le respondimos cuando se nos acercó y poner en ese parlamento el núcleo de nuestro mensaje. Una vez que hayamos creado un nexo con el público a partir de una historia combinada con datos y emociones será más fácil que la gente pueda entonces identificarse. La comunicación se vuelve mucho más fluida y efectiva.

La ficción como vehículo para transmitir mensajes permite vincular a la audiencia con el contenido de un modo ágil. En este sentido es muy importante manejar con eficacia la identificación. Por ejemplo, si a la hora de hacer una presentación utilizo alguna referencia a mi infancia, como puede ser el enorme placer que me provocaba tomar helado de chocolate, estoy abriendo al público la posibilidad de que se identifique, no necesariamente con mi experiencia, sino con la suya. Es decir, no solo se van a identificar conmigo los que también disfrutaban del helado de chocolate sino todos los que recuerden el placer de comer algo que les gustaba cuando eran niños, sin importar qué fuera. Referirse a este tipo de experiencias vitales fortalece el proceso de identificación y sirve para generar conexiones.

Utilizar datos autobiográficos es clave para ilustrar una idea y para darle un marco de historia que facilita la identificación del público. Por eso es tan importante exponer algo de nosotros mismos durante la presentación, para generar ese vínculo de conexión que no pase únicamente por el tema de la presentación sino también por la dimensión humana. Es muy valioso que el orador utilice su propia experiencia vital, alternándola en la presentación, porque de esta manera, además de exponer sobre un determinado tema, lo que aparece es su propio ser.

Una de las principales críticas a las presentaciones, especialmente las que se realizan en el ámbito empresarial, es que muchas veces se vuelven impersonales, muy frías. El orador allí no es más que un intermediario, un canal entre el contenido y la gente. En cambio, si el presentador aporta algo personal, deja de ser un intermediario distante para convertirse en un constructor, alguien que trae elementos de su propia experiencia para generar un vínculo personal con el tema y con el público. Lo autobiográfico es sumamente eficaz para instruir y conectar, pero también es muy importante para dar a la presentación un carácter único y singular.

STORYTELLING
(contar historia)

· DATOS o HECHOS
es la información (persona de sexo masculino, adulto ...)

· OPINIONES e INTERPRETACIONES
es lo subjetivo, lo que percibimos (se acercó con una sonrisa que me derretía)

Ahora bien, es importante hacer una aclaración para distinguir entre dos conceptos. No es lo mismo utilizar elementos autobiográficos que convertir el relato en un recurso autorreferencial. La diferencia es sutil pero de gran relevancia. Cuando hablamos de incorporar lo autobiográfico nos referimos a utilizar historias o datos que nos involucren para poder así transmitir con mayor eficacia nuestro mensaje. Las historias que aportamos se vuelven un vehículo para transmitir un concepto, aquello que elegimos como la idea central de nuestra presentación. El dato es una excusa, lo central es el mensaje o el aprendizaje.

En cambio, una postura autorreferencial implica tomar el concepto o la idea central y utilizarla como excusa para hablar de logros personales, pero haciendo foco en lo inteligentes, bellos y exitosos que somos. O sea, para dar protagonismo a nuestro ego. Esto no solo aburre o fastidia al público, sino que también pone en riesgo el principio de identificación del que hablábamos antes. Para lograr que el público se involucre con nuestras propias experiencias de vida es importante que se sientan cercanos a nosotros. Una actitud autorreferencial, orientada a exaltar los éxitos individuales del orador no necesariamente resulta seductora. En estos tiempos, no creo en ella como para conectar con la audiencia, salvo que lo que se busque sea solo la admiración y el aplauso.

Por otro lado, también es cierto que aún hoy existen personas que prefieren escuchar a un presentador que les revele la gran verdad última de las cosas; el gran camino para volverse tan exitosas como él. Por lo general, la imagen de un gran gurú que habla desde un púlpito ya no tiene tan buena llegada en el público. Lo autorreferencial diluye los mensajes por la exaltación del propio ego que termina por abarcarlo todo. Ciertamente, es algo que los verdaderos gurúes no hacen. En cambio, la experiencia más impactante y de mayor conexión es aquella que se construye en una forma de red a partir del conjunto de las experiencias unitarias generadas en una sala. Los elementos autobiográficos invitan a que otros se conecten y compartan sus propias experiencias a partir de su propia identificación.

Dijimos que el papel del orador es central, pero eso no significa que la presentación deba tenerlo a él como eje del contenido. Por eso podemos pensar el rol del presentador como portador de un núcleo de conexiones que se ocupa de generar una red junto con la participación del público y que la articula para transmitir mensajes concretos. Por ejemplo, una historia personal que al presentarla sugiere el desafío de encarar una conversación difícil, los miedos y las ansiedades que trae. La red entre los presentes, entonces, empieza a tejerse cuando ellos reconocen en la historia sus propios miedos y ansiedades. El rol del presentador como moderador de la red estará en el modo en que plantea esa historia para que los asistentes, al conectarse con las sensaciones, logren vivir esa experiencia.

Cuando la gente se involucra de manera legítima, la red genera una forma de tensión que se sostiene por sí misma en el intercambio de unos con otros. Como el encordado de una raqueta de tenis. El orador deja de ser el centro de atención, la experiencia que se genera en conjunto lo supera, y su función pasa a ser la de asegurar las conexiones para darle prioridad a algún concepto, siempre teniendo en cuenta la idea central de la presentación. Hablamos de transmitir, compartir y generar ideas, conceptos o experiencias dentro de esa red.

Con esta perspectiva, la diferencia entre lo autobiográfico y lo autorreferencial se vuelve clave: evitar la autorreferencia no solo nos coloca en una posición de humildad frente al público, también acelera el proceso de conexión con los demás.

Una forma muy efectiva de fortalecer el vínculo de conexión es compartir con la audiencia errores y dificultades vividas. Si bien, en principio, esto se puede interpretar como una señal de debilidad, lo cierto es que compartir episodios adversos o negativos de nuestra experiencia fortalece el vínculo que podemos lograr con el público. Nuestros contrastes nos humanizan. Es importante comprender que el error no es malo en sí mismo, sino que depende de la carga simbólica que nosotros le otorguemos. En el contexto del aprendizaje, el error puede ser considerado un componente vital a partir del cual maduramos y crecemos. Si aceptamos que podemos errar, que no lo sabemos todo, estamos abriendo la puerta a ser mejores, a comprender mejor las disciplinas de nuestro mundo y, en último término, a conocernos mejor a nosotros mismos. De esta manera, se convierte en un elemento de fortaleza en lugar de ser un aspecto de debilidad o fragilidad, lo que a su vez puede confundirse con vulnerabilidad.

Considero importante hacer un paréntesis para referirme a este concepto clave: la vulnerabilidad. Tomo como referencia la investigación realizada por Breneé Brown,[5] que luego fue el eje de una brillante charla TED. Brown habla de la vulnerabilidad como una condición propia del ser humano ante lo que le ocurre. Todos somos vulnerables en alguna medida. Lo que ocurre es que no lo notamos, lo ocultamos o lo negamos porque representa el núcleo de lo que nos produce miedo y vergüenza, y al hacerlo también cerramos las puertas a cosas positivas que nos permiten conectarnos con nosotros y con los demás. Sugiere entonces que al abrirnos y reconocer esta condición inevitable, también logramos conectar con el punto de partida de la dicha, la creatividad, la pertenencia y el amor.

El problema entonces no es la vulnerabilidad en sí misma, sino el hecho de que reconocerla es precisamente lo que nos hace mucho más fuertes. Vulnerabilidad no es lo mismo que debilidad. Por ejemplo, la humildad como virtud no es necesariamente debilidad ni fragilidad, es simplemente la expresión de la vulnerabilidad. En este sentido, cuando alguien es humilde conoce sus limitaciones. No por eso va a incursionar de forma imprudente en terreno desconocido, precisamente porque así pondrá en riesgo el impacto para generar una buena presentación. Hablar desde aquello que no se sabe sin lugar a dudas que

---

5. Brown, B.: *The power of vulnerability*, tedx Houston, jun 2010 http:// www.ted. com/talks/brene_brown_on_vulnerability

pone en evidencia y ubica al orador imprudente en un lugar de fragilidad.

Alguien puede mostrarse vulnerable en su propio ámbito, conociendo que no lo sabe todo y que tal vez una persona del auditorio pueda hacer un aporte para que todos los presentes aprendan algo nuevo. Desde ese lugar hablamos de humildad y de vulnerabilidad. Esto se relaciona con lo que mencionamos antes a la hora de diferenciar los aportes autobiográficos de los autorreferenciales. La debilidad y la fragilidad suelen estar asociadas a la baja autoestima. Cuando vemos que un presentador necesita poner énfasis en sus logros, por lo general, lo que se oculta es que detrás de esa actitud puede existir una baja autoestima que conduce al orador a refugiarse en una falsa imagen exitosa de sí mismo. Lo que esta actitud comunica es una inseguridad latente. Mucha gente percibe rápidamente este tipo de cosas porque, aunque no lo creamos, son actitudes que resultan evidentes. Al percibir la inseguridad del orador, la atención del público se centra en eso y este puede perder conexión con la presentación. Por eso, cuando hablamos de tomar consciencia de los recursos y de la forma que vamos a darle a nuestro trabajo también hablamos de tomar consciencia de nuestra propia vulnerabilidad. Al hacerlo vamos a descubrir que en ella radica nuestro poder para impactar en los otros de forma positiva. No confundamos entonces vulnerabilidad con debilidad, ni humildad con inseguridad. Tomemos consciencia, aceptemos nuestras limitaciones y tengamos el coraje de ir más allá.

Para concluir con el tema de las historias como recurso narrativo para presentar ideas, podemos tomar también la estructura de tres pasos ya mencionada. De esta forma, el relato tendrá una estructura lógica y una trama que, al alternar datos e interpretaciones, contribuirá a acompañar el logro de la experiencia buscada.

La improvisación, una carta en la manga

Acceda al video mediante este QR
https://youtu.be/uODx8eRx2mk

En la improvisación lo que destacamos es el uso de conceptos que ya sabemos de antemano articulados con lo que ocurre en el momento. Al improvisar, no necesariamente estamos creando de la nada. Lo que hacemos es generar cosas nuevas combinando elementos de una manera tal vez original y creativa. Para entender esta idea suelo contar siempre una anécdota de mis años como estudiante de música. Durante un largo tiempo me formé como guitarrista y tuve un profesor de jazz que decía siempre que improvisar es como la matemática que debe conocerse previamente y que no se puede tocar cosas que no se hayan cultivado antes, al menos en términos de técnica y concepción musical. Los dedos no pueden ir más rápido que lo que hayamos logrado en las prácticas técnicas antes realizadas. Tampoco vamos a poder combinar notas sin conocer las escalas o del uso que tienen en la composición musical. Incluso aunque ese conocimiento sea intuitivo y no responda necesariamente a un método formal, siempre hay un saber mínimo necesario previo. En la música se necesita disponer de ciertos conocimientos que luego van a permitir improvisar; es decir, crear algo nuevo de forma espontánea al relacionar entre sí todos esos saberes adquiridos. Por definición, solo podemos improvisar sobre una base de lo que conocemos, aunque el resultado sea algo que nunca hayamos conocido antes. He ahí la experiencia mágica de la improvisación. Cuando esa base no está, entonces se incursiona imprudentemente en terreno peligroso. No se está improvisando: decimos que se está siendo improvisado. Algo bien diferente.

Es muy importante distinguir entre improvisadores e improvisados. Volviendo al ejemplo de la música, improvisar en jazz es ciertamente difícil, ya que requiere conocimientos de base (teóricos o intuitivos) y capacidad de espontaneidad. En cambio, un improvisado es alguien que no sabe sobre lo que está haciendo, pero cree que sabe (o no) y lo hace de todas formas.

Podemos verificar al menos dos formas de utilizar la improvisación: como **respuesta** o como **propuesta**. La primera remite a la capacidad de responder ante situaciones imprevistas, como una actitud reactiva ante algo inesperado. A un músico se le puede cortar una cuerda de su instrumento, mientras que un orador puede tener una dificultad técnica con el PPT. La propuesta, en cambio, surge como una decisión de cambio de rumbo sobre la marcha, a partir de algo que no es necesariamente una dificultad o un imprevisto. Es una actitud proactiva para crear algo nuevo. Por ejemplo, acelerar el ritmo de una exposición para incluir luego algún ejercicio que resulte más adecuado en ese momento.

Otra posibilidad es trabajar con el emergente, tomando lo que ocurre con el público, y usarlo al servicio de lo que se quiere transmitir. Por ejemplo, puede darse un mensaje tomando las ideas y dichos compartidos antes por el público, articulándolos en ese momento de manera original y creativa.

Así como improvisamos con el **contenido** de nuestra presentación, a partir de todo lo que hemos preparado, también podemos improvisar con la **forma**. Para hacer esto, insisto, es preciso estar debidamente preparado, contar con cimientos sólidos que den la seguridad suficiente como para cambiar el rumbo de una presentación basándonos en el propio instinto. Por ejemplo, si comienzo brindando algunos datos y percibo que el público no está respondiendo de la mejor manera, así sea porque muestra aburrimiento o porque parece desconcertado, puedo modificar la estructura de la presentación y proponer rápidamente una actividad que en principio había sido planeada para más adelante. En el mejor de los casos, cuando tenemos un gran dominio sobre el tema que estamos exponiendo, hasta podemos improvisar con las consignas de las actividades. Si percibimos que el público está muy interesado y se presta a participar activamente podemos crear en el momento un ejercicio que consideremos que se adecua mejor a las características de la audiencia o al momento en sí.

Es importante también estar dispuestos a improvisar a partir del **contexto** en el que se da la presentación. Si bien es nuestra responsabilidad ser conscientes de antemano de las características del ambiente en el que vamos a realizar la exposición, siempre es posible que ocurran imprevistos. Por ejemplo, podría interrumpirse el suministro eléctrico por alguna falla y quedar a oscuras o en la penumbra. ¿Deberíamos en ese caso dar por terminada la presentación hasta tanto contemos otra vez con electricidad? Es una posibilidad. Otra es tomar ese imprevisto y crear una nueva experiencia improvisada. Si contamos con luz natural en la sala, podemos modificar el canal de comunicación de lo que íbamos a mostrar en la pantalla e identificar en ese momento una nueva forma de transmitir lo mismo. Podemos bromear con la situación y plantear a través del humor una forma distinta de decir lo mismo que teníamos planeado, pero en otro tono. Si estamos totalmente a oscuras, podemos buscar la posibilidad de salir al exterior y continuar la charla en otra parte. O hasta incluso continuar a oscuras e invitar a la gente a transitar la experiencia de aprendizaje sin el sentido de la vista. Son opciones que se vuelven posibles únicamente si nos hemos preparado conscientemente para realizar la presentación, incluyendo nuestra reacción ante los imprevistos que puedan surgir. Insisto con esta diferenciación: alguien que conoce el tema que está tratando, que pisa firme en ese terreno, puede improvisar cambiando el orden del contenido, de las actividades o incluso incorporando en el momento elementos que no tenía pensado mencionar, pero que dadas las circunstancias resultan de gran valor para conectarse con el público. Al igual que en la música, antes de improvisar sobre el escenario es bueno ejercitar el arte de improvisar durante la práctica.

Ya fuera por **respuesta** o por **propuesta**, la improvisación tiene algunas claves importantes a tener en cuenta:

- **Decir sí a todo.** No resistirse a lo que ocurra ni perder la calma. Ya sea por un comentario inadecuado de un participante o por una condición inesperada, es importante aceptar y recibir abiertamente lo que ocurra. Ello ayudará a que aflore la espontaneidad. La creatividad aparece cuando se está relajado, atento y conectado.
- **Tomar lo que ocurra al servicio del mensaje.** Adoptar una actitud de "todo suma" ayuda también a identificar creativamente conexiones entre lo que ocurra y lo que se desea comunicar. La capacidad de escucha y observación ayudan a percibir de manera más amplia las circunstancias. Ello abre más opciones para articular ideas de forma creativa y lograr mayor espontaneidad.
- **Mantener el foco en el propósito.** Los imprevistos suelen confundir y cerrar posibilidades. El propósito de la charla debe ser el faro que ayude a mantener la compostura, tomando todo lo que ocurra al servicio del objetivo... siempre que sea seguro, claro está. Si se está incendiando la sala, resultará más seguro interrumpir la charla y salir, en lugar de improvisar ideas que relacionen el fuego con el tema del que se está hablando.

IMPROVISACIÓN → . generar cosas nuevas, combinando elementos con los que ya contamos.
. sobre el contenido o sobre la forma.
ES DIFERENTE IMPROVISAR a SER IMPROVISADO.

El humor al rescate

El humor es un recurso de enorme utilidad en cualquier momento ya que distiende, alegra y permite transitar los segmentos áridos de una presentación, al mismo tiempo que nos conecta y nos permite abordar temas difíciles, a veces incómodos. Cuando los temas difíciles o personales se encaran con un toque de humor, pierden un poco del peso que traen y se aligeran.

Un buen humorista nos hace reír cuando dice cosas cotidianas y simples en las que nos vemos reflejados. Lo hace desde un lugar que nos sorprende y nos resulta diferente, incluso a veces ridículo, y nos permite conectar con lo absurdo de muchas situaciones.

La estructura esencial del humor, por ejemplo en un chiste, es el planteo de un tema que se inicia con una secuencia lógica y tiene un desenlace inesperado.

Ariel Dávila, actor y entrenador en improvisación quien me acompaña desde hace tiempo trabajando sobre la comicidad en las presentaciones, sugiere la estructura del chiste en dos partes: el *set up* (información) y el *punch line* (remate). La primera expresa de qué se esta hablando; es la información que se debe compartir con la audiencia de la manera más simple posible. El *punch line* en cambio, muestra aquello de lo que uno debería reírse; es aquello que genera un cambio de sentido que sorprende y genera la comedia. El giro que tome el relato puede ir en varias direcciones, como la exageración, el absurdo o el ridículo, entre otros, y podemos encontrar varios niveles para poder trabajarlos desde la gracia, la complicidad o la ironía.

Uno de los elementos cómicos más sencillos es la torpeza, ¡cómo nos reímos aún de los tropiezos de Chaplin! Nos resultan graciosos sus desaciertos y sus caídas. Estos tienen una estructura similar, comienzan con un intento bienintencionado pero, para nuestra sorpresa, hay un tropiezo y una caída inesperada. A veces, traer un comentario sobre nuestra propia torpeza o ignorancia y la consecuencia graciosa que esto produjo puede resultar útil, no solo por lo gracioso en sí, sino por la identificación del público que bien podría haberse encontrado alguna vez en una situación similar. El *stand up* maneja muy bien este aspecto y nos coloca frente al espejo de las cosas cotidianas.

Claro que cuando hablamos de traer el humor a una presentación estamos más bien en el tema de la simpatía, no hace falta colocarse una nariz roja para generar gracia. Muchas veces, adoptar pose de payaso puede producir un efecto contrario. Por otra parte, hay muchos humoristas que son sumamente serios en su aspecto y generan mucha comicidad; algunos lo logran sin siquiera gesticular.

Al igual que la improvisación, traer humor al discurso implica tomar riesgos. Estamos en una línea muy delgada porque podemos ser graciosos o quedar fuera de lugar. También hay riesgo de incomodar por un comentario que resulte inadecuado y alguien se sienta perjudicado. Resultará más seguro traer chistes y anécdotas en los que nos reímos de nosotros mismos. Así, nos basamos más en el aprendizaje que hicimos nosotros que en los errores cometidos por los demás.

El humor bien utilizado promueve la atención, mueve la energía y pone al público de nuestro lado. ¿Cómo se hace para entrenarse en este tema? Creo que el manejo del humor no es innato, es algo que se puede entrenar. Es muy personal, cada uno puede investigar, buscar sus referentes, ídolos o maestros de la comicidad que le resulten agradables y de los que aprender. Hay libros, videos en Internet y otros sitios como para analizar y llevar adelante el propio entrenamiento, buscando una vuelta graciosa o disruptiva a nuestro discurso.

Personalmente disfruto mucho del humor como recurso e investigué este tema, porque me interesa en especial. Un gran maestro para mí fue Efraim Kishon, quien publicó varios libros con las columnas que escribía para los principales periódicos de Israel. Contaba relatos personales de un modo verdaderamente hilarante. También, a mi entender, un referente argentino de esa línea es Roberto *El Negro* Fontanarrosa y otros son Les Luthiers, en su ámbito tan particular donde combinan humor, música y teatro.

Al cambiar abruptamente el hilo de lo esperado, el humor irrumpe y genera una emoción, que suele ser la sorpresa. Recordemos que las emociones brindan un ancla potente para el conocimiento. Si en un momento emotivo creamos un impacto divertido, algo gracioso quedará grabado en la memoria. Por ejemplo, una anécdota de máxima torpeza conectada a lo que queremos comunicar, va a lograr que el público lo retenga más fácilmente. Un buen ejemplo es una conferencia de Mark Gungorn[6] en *Historia de dos cerebros*, donde muestra en tono de comedia las diferencias entre el cerebro del hombre y el de la mujer.

Acceda al video mediante este QR
https://youtu.be/nzgiOVKGiqg

Judy Carter, una maestra de la comedia con una vasta bibliografía sobre el *stand up*, propone en *The Comedy Bible*[7] que "El material no puede ser neutral en términos emocionales. El tema te tiene que dar asco, dolor; emocionarte de veras, porque un público no reacciona ante las palabras sino que lo hace ante los sentimientos. Cada parte o segmento de material sostiene una actitud específica como 'Me preocupa...' o 'Me Gusta... Amo...' o 'No me gusta...'". De estas tres actitudes, como inicio, luego puede continuarse desarrollando el tema elegido, buscando los contrastes que logren generar comicidad (exageración, ridículo, etc.).

6. Gungorn, M.: *Historia de dos cerebros*. YouTube, 2010 https://www.youtube.com/watch?v=T72zH48 GmPM
7. Carter, J.: *The Comedy Bible*. Touchstone, Chicago, 2001.

En cuanto a las restricciones a tener en cuenta a la hora de hacer humor es más oportuno cuidar la postura desde donde lo hacemos y no tanto la temática. Esto es, el tono que damos al comentario humorístico; no es lo mismo adoptar una pose de arrogancia al descalificar con ironía las acciones o ideas de otros, que colocarse en un lugar de humildad ante nuestros propios pensamientos o conductas y activar a partir de ellos la gracia. De todos modos, hay temas que suelen resultar inconvenientes, por ejemplo el sexo, la religión, la política o los deportes, que pueden activar respuestas defensivas en muchas personas. Esto conlleva un posible riesgo para nuestra presentación, porque puede ser vivido como provocación y no es lo que buscamos, sino todo lo contrario. Es un ejercicio desafiante el transitar la delgada línea de provocar sin herir.

Por otra parte, resulta más atractivo a un gran porcentaje de públicos mantener el humor con elegancia y buen gusto. El sarcasmo y la ironía pueden tener efectos negativos en ciertas audiencias y ser percibidos como una actitud de soberbia o altanería.

Asimismo, es importante tener en cuenta el imaginario social del público, ya que se debe poder entender con facilidad de qué se habla y de qué se está burlando el humorista. Dicho en otros términos, si la audiencia tiene 16 años, no conviene incluir chistes sobre He-Man, independientemente de que el chiste sea bueno o malo, porque es muy probable que no lo conozcan.

Descripta la estructura del chiste, podemos reconocer varios tipos de remates. A continuación detallamos algunos de ellos:

- **Remates por observación**. Estos remates funcionan muy bien porque parten de la realidad. Se trata de encontrarle el lado gracioso a hechos reales. Difícil de lograr, pero son los chistes más efectivos. Ejemplo: "Hay un mundo mejor, pero ¡es carísimo!" (Les Luthiers).

- **Remates por comparación**. Relacionar situaciones o hechos con otras cosas hilarantes. Esto sirve para crear una imagen del remate en la mente del público. Ejemplo: "Hablar en público da tanto miedo como recibir la factura de teléfono" (dicho popular).
- **Remates por exageración**. Similar a la comparación pero llevando al extremo una imagen. Cuanto más exagerada, más efectivo el remate. Ejemplo: "Mi última relación amorosa fue más aburrida que choque de tortugas" (dicho popular).
- **Remates por listas**. Son muy efectivos pero difíciles de armar. La regla es que sean tres remates sucesivos y cada uno más potente que el anterior. Ejemplo: "El hombre a los 20 años ama a todas las mujeres, a los 30 a una sola, a los 50 a todas menos a una" (dicho popular).

EL HUMOR → distiende, alegra y conecta.
 L→ ESTRUCTURA: TEMA + secuencia + desenlace
                        lógica   inesperado
 L→ DIRECCIONES: Exageración, Absurdo, Ridículo
 L→ NIVELES: Gracia, Comicidad, ironía.
             Torpeza.

La memorización

No debe confundirse memorizar con repetir de memoria. Algunos oradores creen que es malo memorizar, ya que van a sonar como robots, como cuando repetían las lecciones en la escuela. En realidad, si hemos retenido la información de manera adecuada, vamos a poder manejar la exposición con mayor soltura y liviandad. Puede sonar contradictorio, pero es mucho más fácil apoyarse en la memoria para ser espontáneos, con la tranquilidad que nos da el saber. Memorización y espontaneidad van de la mano

Acceda al video mediante este QR
https://youtu.be/4LXRNr-Ym_w

en forma proporcional. Lo que no sirve es la repetición automática de lo aprendido. Esa es una falsa memorización. O al menos insuficiente. Es la que aprendimos muchos de nosotros de pequeños y que generó un concepto errado de adultos. Hoy muchos oradores se resisten a memorizar argumentando que al hacerlo pierden espontaneidad o que les cuesta retener la información. Lo cierto es que desde el modelo primario básico esa teoría sería correcta. Es como que un adulto a los 40 años se niegue a subir a un carrusel de niños en el parque de diversiones porque a los cuatro años se mareó.

La buena noticia es que existe todo un universo muy vasto para poder estar más relajado en un escenario, y conectar mucho mejor con la gente, cuando la memorización es la correcta y adecuada a las posibilidades de nuestro potencial.

Para incursionar en el terreno de la memorización es importante transitar primero por el terreno de la redacción. Escribir la charla como un guión ayuda en la creación y diseño de la charla, pero también contribuye a su memorización. Puede que el texto demore en llegar al definitivo, pero el proceso en sí contribuye a su memorización.

Técnicamente hablando, existen al menos tres niveles para el proceso de memorización. El error recién mencionado surge de que la mayoría de los adultos fuimos educados para llegar solo al primero de los tres. De ahí la distorsión.

El **primer nivel** es el de la **memoria mental**. O sea, el registro literal de cada una de las palabras que tenemos que decir. En este primer nivel el recitado de lo memorizado es mecánico. Suele ser percibido como frío y robotizado. Es el más predominante en oradores no entrenados que practican solo hasta cuando logran retener las palabras. Ese es el primero de los errores. En realidad, el acto de retener las palabras no es el final de la memorización, sino el mero principio. Los discursos memorizados hasta este nivel son muchas veces monótonos y monocordes. Aburren y espantan. Salvo cuando son pronunciados por un ser amado, aunque para el resto es una experiencia espantosa. Este nivel es un primer paso inevitable; se desarrolla practicando y repitiendo en voz alta o mentalmente una y otra vez el texto. Existen recursos que aceleran este proceso, que consisten en grabar la propia voz y escucharse. Este recurso tiene un efecto positivo en el cerebro que reconoce nuestra propia voz y no genera resistencias.

El único desafío al grabar la propia voz es transitar el espanto de las primeras veces que se escucha. Generalmente resulta desagradable escuchar la propia voz cuando no se está acostumbrado a hacerlo. Es como si se hubiera vivido toda la vida sin verse en un espejo. Al principio puede resultar incómodo por la falta de hábito, pero luego, con la costumbre, ya no es tan terrible. Se aprende a convivir con el horror. Es toda una experiencia de crecimiento personal. No es tan terrible. Se puede sobrellevar…

Una vez obtenido el "efecto máquina" es tiempo de trascenderlo y dar vida real a la exposición. Ahora es el momento de pasar al **segundo nivel**. Se trata de la **memoria corporal**. El cuerpo también registra y dice cosas. Memorizar a través del cuerpo es como aprender la coreografía de una danza o como andar en bicicleta. Es una memoria motora; el cuerpo la incorpora naturalmente y no es necesario pensarlo. Simplemente fluye. Como cuando nos cepillamos los dientes o realizamos un trayecto a casa siguiendo siempre el mismo camino. A veces no tenemos registro de cómo llegamos y ya estamos allí.

Muchos actores incorporan movimiento a los textos que buscan memorizar para activar su memoria. Por ejemplo, si en el quinto párrafo de la presentación hay una pregunta dirigida al público, cuando se practique se puede barrer con la mirada al público como si estuviera allí enfrente. También se puede acompañar la pregunta con una actitud corporal. Si se repite así hasta automatizarlo, podrá recordarse naturalmente y sin esfuerzos el texto asociado con los movimientos, como cuando vamos de camino a casa sin registrar en cuantos semáforos nos detenemos; podemos entonces disfrutar del paseo como no lo habíamos hecho hasta entonces.

Una forma de entrenar este nivel es practicar frente al espejo mirando el modo en que el cuerpo expresa las ideas que se dicen. Filmarse y observarse también sirve. Este es un nivel superior de desafío que el de oír la propia voz. Es muy importante aprender a verse de manera compasiva y amorosa a sí mismo. Si no, el proceso de aprendizaje puede resultar mucho más lento y doloroso. Aprender la propia danza de nuestro discurso nos hace más auténticos y creíbles. Sobre todo, ante nosotros mismos. No se trata de inventar un personaje ficticio para hablar en público, sino de expandir nuestras potencialidades al investigar nuestros mejores costados. Es crear una nueva fisiología coherente con nuestro perfil. Cuando logramos reconocer nuestros movimientos, nuestra forma de decir las cosas, las posturas que adoptamos y los gestos que hacemos, podemos transformar favorablemente muchos aspectos nuestros. He ahí uno de los beneficios asociados a este nivel de memorización, el que nos brinda la exploración y la intervención en nuestra corporalidad. Lo más importante en todo esto es la naturalidad. No es necesario inventar poses, ni exagerar con ademanes. Solo observarse, reconocerse y confiar. Nuestro modo natural de decir cosas es mucho más amplio de lo que creemos. Es solo cuestión de practicar. Un dato adicional: la memoria corporal es más fiable que la mental. Cuando memorizamos un texto incluyendo la corporalidad hacemos más liviana la instancia anterior. Podemos entonces memorizar algunos movimientos que se asocien con determinadas partes del texto. Esto hará más leve el proceso. Es como con las artes marciales, donde se practica un movimiento una y otra vez hasta que se automatiza, y luego se integra naturalmente al propio esquema corporal.

El **tercer nivel** es el de las emociones. Se trata aquí de una **memoria emocional**.

Cada momento tiene su emoción y el poder identificarla nos permitirá también conectarnos con la experiencia que evoca cada instancia. Más adelante hablaremos sobre las emociones y cómo contribuyen en las presentaciones.

Cuando asociamos un pasaje del texto con una determinada emoción le restamos peso a la memorización a nivel mental. La memoria emotiva es una de las más poderosas herramientas con que contamos para fijar conceptos, tanto en nosotros como en los otros.

Entonces, puede relacionarse cada etapa de la presentación con una determinada emoción y transitar esa vivencia atento a los climas que produce. Nuevamente, no hablamos aquí de fingir una emoción sino de experimentar en uno mismo la experiencia del mensaje que se quiere decir con el propio estilo personal de cada uno. Nos referimos aquí a una consciencia sobre la actitud e intencionalidad que deberíamos tener en cuenta en los diferentes pasajes de la charla. Salvo que quien presente su charla sea Mr. Spook, el famoso personaje del planeta Vulcano de la serie "Viaje a las Estrellas" que no tenía emociones, todos los seres humanos tenemos alguna emoción ahí cerca para aprovechar; pueden encontrarse más escondidas o guardadas, pero siempre están. En este nivel también podemos explorar e identificar los espacios emocionales a través de los cuales nos expresamos con mayor frecuencia. Para ello, primero debemos identificar las diferentes emociones que recorren el texto de la presentación. Después, podemos encontrar nuestra propia forma de expresarnos cuando estamos en una u otra emoción. Una vez que hallamos ese modo de expresar y nos sentimos cómodos y coherentes con nuestro estilo, entonces podemos practicarlo. Las primeras veces resultará extraño y es probable que a algunos les genere rechazo esta práctica. Es común que así ocurra. Luego, esa incomodidad irá naturalmente dejando lugar al entusiasmo lúdico de jugar con diferentes formas de decir un mismo párrafo.

Por otra parte, practicar frente al espejo o hacerlo imaginando que estamos en ese auditorio, ante esa gente, pronunciando esas palabras tiene un efecto muy poderoso en la mente para anclar la emoción necesaria y fijar la experiencia en uno mismo. Esto también ayuda a reducir el pánico escénico.

MEMORIZACIÓN (no es repetir de memoria)
3 NIVELES:
→ MENTAL · Registrar y Reproducir
→ CORPORAL · coreografía
→ EMOCIONAL · asociar un párrafo a una emoción

Lo que pretendemos al trabajar en los tres niveles es distribuir la energía para fijar en menos tiempo y mejor la charla. Resulta notable la diferencia en aquellos oradores que se toman el trabajo consciente de trabajar en los tres niveles.

Algunas técnicas de memorización

- **Por párrafos**. Implica dividir la presentación en segmentos o unidades de conceptos. Así, cada sección tiene su identidad propia y se trabajan por separado. Luego se van uniendo las partes hasta completar todo el proceso.

- **Por mensajes clave**. Memorizar los mensajes clave de la charla o de cada segmento permite diseccionar la ponencia y facilita su memorización.
- **Por palabras clave**. Podemos encontrar palabras sueltas que sean disparadores de cada unidad. Como si representaran la esencia de cada segmento. Se puede hacer una primera lista con todas las palabras que funcionan como disparadores y de esa forma ir hilando el texto. Luego memorizamos esa lista para internalizarlas en el primer nivel, el de la mente, el del proceso racional de un texto, para finalmente ir construyendo el relato siguiendo el orden de las palabras memorizadas.
- **Por imágenes**. Puede relacionarse cada sección o concepto con alguna imagen mental de un objeto y asociarla al concepto. Por ejemplo, puedo hablar de liderazgo, y en la sección donde hablo de inspiración o de flexibilidad las relaciono mentalmente con objetos como un vaso o un libro. La imagen de cada objeto se relaciona con un concepto. De esta forma, puedo ubicar mentalmente todos los objetos en una habitación ficticia, e ir repasando con la imaginación cada uno de ellos para recordar los conceptos a los que remiten.
- **Por historias**. También puedo dividir la ponencia en secciones y asignar un relato a cada una de ellas. De esta forma, al recordar los relatos, los asociaré con los conceptos y resultará más fácil retenerlos.

CAPÍTULO 5

CONSCIENCIA DEL CONTEXTO

Cuando hablamos de contexto hablamos de las circunstancias que rodean y enmarcan la presentación. Es la atmósfera donde la presentación ocurre. Podemos diferenciar dos tipos de contextos: el ambiental y el personal. A la vez, podemos pensar en dos instancias diferentes de contexto. En primer lugar el contexto que se anticipa durante la etapa de preparación; es decir, las circunstancias que reconozco de antemano. En segundo lugar, el contexto que nosotros vamos a generar o modificar voluntariamente durante la presentación. Esto es, el clima que vamos a crear.

Contexto ambiental

El contexto ambiental tiene que ver con todo lo que podemos definir como externo a nosotros. Uno de los aspectos más determinantes de este tipo de contexto es el público frente al cual vamos a hablar. Todo público tiene características singulares. Es muy diferente hablarle a un grupo de ingenieros petroquímicos que a un equipo de deportistas. No vamos a conseguir emocionar o involucrar de igual manera a unos y a otros; en cada caso vamos a tener que adaptar nuestra presentación para alcanzar esa conexión que crea una experiencia compartida. Existen muchas variables que distinguen a un público de otro: la edad, el perfil profesional, la formación académica, el bagaje cultural, la experiencia de vida e incluso las expectativas que puedan tener en torno a la charla, lo que pretenden obtener de nuestra presentación.

Para entender más claramente las características del público y sus posibles intereses, suelo utilizar la imagen de la pirámide del psicólogo Abraham Maslow,[1] con la que expresa su teoría acerca de las jerarquías de las necesidades básicas y ofrece una idea sobre el desarrollo de las personas a medida que se avanza en el proceso de su crecimiento personal.

Según Maslow, al tener satisfechas las necesidades más básicas (las que se ubican en la parte inferior de la pirámide), las personas pueden desarrollar a partir de allí necesidades más elevadas (las que se van ubicando en las partes superiores de la pirámide). Este esquema nos sirve para comprender qué tipo de disparadores pueden resultar efectivos con determinado público.

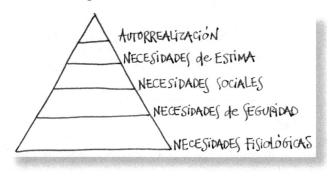

---

1. Maslow, A: *Motivación y personalidad*. Díaz de Santos, Madrid, 1991.

1. **Necesidades fisiológicas**. Se refiere a las necesidades básicas, como alimento, vivienda y aspectos elementales de la vida. Hablar a un público ubicado en la base de la pirámide requiere que las ideas que se presenten cubran esos aspectos básicos. De otra forma, es poco probable que la propuesta resulte atractiva y entonces se pierda el interés. La oratoria debería ser clara y directa, cuyo horizonte sea inmediato. Aquí y ahora. También deben ser concretas. Oraciones breves, palabras simples, lenguaje llano. No existe la oportunidad de imaginar más allá de lo inmediato. Las imágenes deben responder a los cinco sentidos. Aquello que se exprese debe poder verse, olerse o tocarse. No hay espacio para abstracciones, tampoco es necesaria una visión de futuro a mediano o largo plazo, por lo cual los beneficios de aquello que se presente deben resolver inquietudes inmediatas.

2. **Necesidades de seguridad**. Remite, entre muchas cuestiones, a la seguridad física, económica, laboral, familiar y de salud. Estas necesidades buscan la estabilidad, la protección, ausencia de miedo y caos; también la necesidad de una estructura, de orden, límites, etc. En este estadio aquello que resulte conocido o familiar prevalecerá ante lo desconocido. Una presentación oral para un público que se encuentre en esta instancia ayudará a que los argumentos planteados resulten sólidos, probados y con suficiente fundamento. Las ideas pueden estar acompañadas por sus correspondientes definiciones y la eventual mención de las fuentes, autores o ámbitos que den fehaciente prueba de la validez de lo presentado. Probablemente se trate de un público con orientación más bien conservadora. Pretende mantener lo que está bien y sobre esa base superar

los obstáculos, pero sin arrebatos innecesarios. La osadía no es precisamente algo considerado una virtud para este público, y los procesos de toma de decisiones tal vez resulten lentos. Su creatividad estará al servicio de los emergentes (lo que ocurre aquí y ahora), y no al servicio de visiones más allá de lo disponible al alcance de la mano. Esto es, creatividad práctica aplicada a temas que contribuyan a la seguridad buscada. Por ello, resulta útil tener muy en cuenta los recursos a utilizar en el momento de presentar conceptos ante este público. Al mismo tiempo, la postura y el estilo del orador deberán transmitir precisamente eso: seguridad. Puede ser alegre, distendido o formal, pero debe estar seguro al cien por ciento de lo que dice, ya que de lo contrario rápidamente podría perder credibilidad.

3. **Necesidades sociales (afiliación)**. Maslow expresa que "cuando las necesidades básicas y de seguridad están cubiertas surgirán las necesidades de amor, afecto y sentido de pertenencia". Esto es, ser parte de un ámbito social, cultural, económico, político, emocional, etc.

Una presentación oral ante un grupo de estas características puede requerir atención al modo en que las ideas presentadas pueden contribuir a las relaciones interpersonales, el estatus o la visibilidad de un determinado grupo. Por ejemplo, una presentación sobre un tema técnico puede brindar datos aparentemente fríos, pero el uso que los participantes hagan de esa información puede estar relacionado con el modo en que ella beneficiaría su identidad ante otros, o tal vez los habilitaría para incursionar en otros grupos o por el beneficio que el empleo de esa información pueda traer a todo un equipo, etc.

4. **Necesidades de estima (reconocimiento).** Remite a la búsqueda de respeto, sensación de logro, prestigio, etc. Todas las personas en mayor o menor grado buscamos que otros reconozcan el fruto de nuestro trabajo. Incluso resulta una gratificante experiencia cuando el reconocimiento de otros permite que nos sintamos útiles, valiosos o amados. Uno de los riesgos latentes en esta situación es caer en un círculo de vanidad o inseguridad. Esto es, ambicionar el reconocimiento por el reconocimiento mismo, tomando como única opinión válida la que los demás puedan tener de nosotros. El problema es aún mayor cuando no tomamos como válidas nuestras propias opiniones sobre nosotros y solo atendemos a las externas. Entonces, lo mejor en este sentido se da cuando existe coherencia entre los juicios de los otros y los propios. Así, la estima estará protegida de la exaltación del ego.

En este escalón de la pirámide, una presentación oral dirigida a un público de estas características tal vez pueda requerir una argumentación en la cual se manifieste algún tipo de reconocimiento a los participantes. Es importante que ese reconocimiento sea genuino, de lo contrario podría parecer un ejercicio de obsecuencia. Al mismo tiempo, las ideas presentadas pueden también orientarse a ofrecer beneficios en términos de reconocimiento, como un amigo que aconseja a otro sobre cómo verse atractivo para seducir a una mujer con la cual tendrá una cita. Entonces esa presentación debería expresar los beneficios que brindarán al participante lo que se está presentando.

5. **Autorrealización.** Intenta superar las propias barreras mediante el trabajo con uno mismo. Busca la sa-

tisfacción personal, la gratificación por los propios logros. Este es un terreno muy interesante para las presentaciones puesto que las personas que se hallan en este estadio pretenden trabajar consigo mismas y vencer su inercia, superarse, conocerse. Una presentación oral ante un grupo de estas características podría enfocarse en los beneficios de las ideas presentadas en función del valor que reportarán para su mejora personal, su bienestar o su satisfacción. Los ejemplos, referencias o anécdotas de quienes vencieron barreras o lograron cosas imposibles suelen funcionar como recursos útiles para presentaciones en este nivel. Hoy día, las presentaciones que invitan a o provocan desafíos de autosuperación resultan atractivas a muchas poblaciones y suelen ser muy bien recibidas, sobre todo porque, de una forma u otra, todos aspiramos a obtener más de nosotros mismos. Sin embargo, no hay que descuidar el hecho de que no todos podrían encontrarse en este estadio, por lo que si se le propone una idea de superación personal a un auditorio que necesita seguridad inmediata, es poco probable que realmente se movilice, o que esa inspiración se sostenga en el tiempo, puesto que sus prioridades van en otra dirección. Nuevamente, el reto creativo será conectar conceptos y articularlos en esta dirección.

Ahora bien, muchos auditorios contienen tipos de público que pueden pertenecer a todas las etapas o a varias de ellas. No siempre se dispone con anterioridad de esa información como para ser tenida en cuenta en el diseño de la presentación. Por eso, tal vez una presentación completa e integral podría ser la que de alguna forma pudiera servir a todos los estadios. De esta forma, podrán emplearse recursos como anécdotas, actividades o reflexiones que en algún momento lleguen a cada uno. Luego, con la práctica se va desarrollando la habilidad para detectar cada vez más rápido estos aspectos en diferentes audiencias, y así poder adecuar mejor el discurso a la gente a quien se le habla.

Si bien esta es una teoría más compleja y tiene numerosas implicancias, la proponemos aquí de manera sintética y adaptada al desafío de la oratoria y la presentamos a modo de referencia, para dar un marco simple que brinde la posibilidad de adecuar una presentación a diferentes públicos.

Es muy importante tomar consciencia de estas cuestiones, ya que permiten fortalecer nuestro trabajo y conectarnos luego de forma más directa con la audiencia. Ser conscientes de las características del público nos permite dar al mensaje la forma adecuada para que llegue a destino y sea captado en toda su dimensión. Las diferentes características de la audiencia nos condicionan en cuanto a los recursos y las herramientas que vamos a emplear.

Muchas veces, cuando se plantea la charla, ya podemos conocer algunas de dichas características pero otras no. En cualquiera de los casos, resulta importante hacer una investigación al respecto. Algunas de las preguntas centrales que podemos hacer al analizar este aspecto del contexto ambiental son: ¿por qué esta gente va a participar de la presentación?, ¿cuáles pueden ser sus expectativas?, ¿cuánto saben sobre el tema que presentaremos?, ¿qué inquietudes pueden tener sobre este tema?, ¿qué antecedentes hay sobre esta presentación?, ¿cómo es su cultura?, etc. Como decíamos antes, conocer lo máximo posible acerca de la audiencia es uno de los aspectos más importantes a tener en cuenta para el diseño de la presentación porque nos permite comprender la manera en que podemos acceder mejor a ese público.

Otro de los puntos que definen al contexto ambiental es el espacio físico concreto, las condiciones técnicas y las dimensiones del lugar donde se realizará la presentación. No es lo mismo un auditorio que tiene butacas fijadas al piso y un escenario, que una sala de reuniones con una mesa, sillas y llena de ventanas. Tampoco es igual el aula magna de una universidad que la sala de reuniones de una empresa. Cada espacio tiene sus características propias que inciden de una u otra forma en la experiencia de la presentación. De igual manera, esto también impacta en la predisposición de la audiencia. Si la charla se da en un hotel céntrico, ubicado en medio del caos urbano, el público va a tener una predisposición muy diferente de la que tendría si se diera en un campo, en el marco de una jornada laboral al aire libre. Algunos lugares tienen muy buena acústica, en otros prácticamente tendremos que gritar para que nos escuchen. Existen sitios donde podemos mover las sillas para llevar a cabo una actividad, mientras que en otros no hay casi espacio para desplazarnos. Ciertos lugares cuentan con una excelente iluminación natural, mientras que otros están equipados con luces como si fuera un teatro. En ocasiones, al tomar consciencia de las características del lugar en el que vamos a trabajar podemos previamente realizar algunas modificaciones. Por ejemplo, disponer las sillas de una forma que consideremos conveniente para nuestra presentación, orientándolas hacia un pizarrón o en semicírculo. También podemos analizar la iluminación del lugar y, si es posible, cambiar la dirección de algún foco o hasta proponer la utilización de luces cálidas o frías según el tipo de clima que busquemos generar. Incluso cuando no sea factible modificar estas características es muy importante ser consciente de ellas para poder aprovecharlas a favor de los objetivos de nuestra presentación. Describo todos estos escenarios posibles porque muchas veces cometemos el error de pensar que es algo poco importante o suponemos que todo va a estar tal cual como lo imaginamos, y no siempre es así. Podemos asumir que contaremos con un estrado desde donde hablar, por ejemplo, y luego nos encontraremos incómodos al enfrentarnos con algo muy diferente de lo previsto. O incluso tal vez hemos preparado algunas actividades que, dadas las condiciones de la sala, resultan imposibles de realizar.

También es importante analizar la relación entre las dimensiones del espacio y la cantidad de gente que va a participar de la charla. ¿Hay suficiente espacio y sillas para todos o algunos no van a tener donde sentarse? ¿El lugar desde donde voy a hablar está próximo o alejado del público? Un grupo de gente reducido en un espacio muy amplio puede requerir que tengamos que alzar la voz para hacernos oír. Por otra parte, un espacio reducido para mucha gente puede dar por resultado un ambiente incómodo.

Otro factor de gran relevancia es el momento del día durante el cual vamos a realizar la presentación. El público está predispuesto de manera completamente diferente si la charla es por la mañana que si es por la tarde o la noche. Otra vez volvemos sobre las características de la gente en función de un determinado contexto. Si nuestra charla es la primera del día y representa para ellos su primera actividad de la jornada, vamos a encontrar un público con más energía. O al menos despejado. Si, en cambio, nuestra charla forma parte de un bloque de presentaciones y a nosotros nos toca hablar en último lugar, podemos esperar que haya en la audiencia cierto cansancio o que las personas estén más dispersas. En este caso, la presentación debe ser aún más dinámica, interactiva y con múltiples recursos. La energía del orador es clave. Todos estos factores cumplen una función estratégica al pensar y diseñar la mecánica y la dinámica de la presentación, así como los recursos, el tiempo y las actividades que se utilizarán.

Contexto personal

El contexto personal tiene que ver con las condiciones propias del orador en relación con la presentación. Registrar las características del público frente al que vamos a hablar es tan importante como identificar las propias condiciones sobre esa presentación. Lo uno se relaciona con lo otro de forma directa. En lugar de pensar en el público como una masa oscura en la que proyectamos todos nuestros miedos, podemos reconocer sus características al mismo tiempo que somos conscientes de las propias. Eso los convierte en individuos y nos permite a nosotros enfrentar el desafío desde otro lugar.

Esto significa identificar las circunstancias personales que rodean a esa presentación. Por ejemplo, si al momento de dar la charla un orador se entera de que va a ser padre, es seguro que ello tendrá algún tipo de incidencia en el modo en que se encontrará en el momento de dar su charla. Lo mismo ocurre si el día anterior se entera de que ganó la lotería o del deceso de su suegra. O todo junto.

En fin, como oradores estamos expuestos a numerosos factores que incidirán en nuestro contexto personal al momento de hablar en público. Para bien o para mal. Podemos "incluir" esas circunstancias de modo que no sean un estorbo en nuestra mente a la hora de expresarnos y así fluir con mayor facilidad. Esto puede lograrse simplemente realizando durante la presentación algún comentario sobre esas circunstancias o compartiendo a modo de anécdota aquello que sea pertinente, y relacionarlo luego con el tema que se presentará de alguna manera creativa. Por supuesto, lo ideal es lograr un contexto personal cuyas emociones de base sean el entusiasmo y la confianza. Para ello, debemos estar atentos a manejar el modo en que encaramos las circunstancias de nuestro propio entorno antes de una charla. Seguro que una visita al dentista puede resultar peligrosamente innecesaria justo antes de una presentación oral. Entonces, es importante cuidar todo lo que pueda ocurrir antes para asegurar que nos encontremos calmados, atentos, relajados y confiados.

Al mismo tiempo, también existen circunstancias personales relacionadas con el tema o con el auditorio al que se le dará la charla. Puede haber alguna animosidad ante cierta población que represente para nosotros una barrera al momento de poder dar lo mejor de nosotros. A veces debemos hablar ante públicos difíciles y desde el inicio podemos percibir nuestras propias resistencias a la charla que debemos dar.

Lo mismo ocurre si detectamos resistencias hacia el tema que trataremos, ya sea porque nos fue impuesto y no nos gusta, o puede que lo consideremos inadecuado para esa audiencia, o simplemente no tengamos ganas de darlo pero nos sentimos obligados y comprometidos a hacerlo. Para estos casos suelo proponer que el orador busque "soltar" sus juicios sobre esas consideraciones y replantee su estrategia, haciendo foco en sus desafíos personales con respecto a ese escenario. Es decir, resignificar lo que se plantea como barrera u obstáculo en relación con el tema y observarlo como un reto para trabajar aspectos personales más relevantes que superen a los de la charla en sí. Por ejemplo, si el orador lo que quiere mejorar es su capacidad de cercanía y empatía con la gente, puede aprovechar esta oportunidad para hacerlo, sin importar necesariamente el tema al que se está resistiendo. El reto es poner lo mejor de uno mismo para tomar ese espacio como oportunidad para sí, sin descuidar la excelencia en lo que haga. Al encontrar un sentido más grande o amplio a esa experiencia, muchas de las barreras se disuelven o se perciben como una contribución para el crecimiento personal. Si el tema no nos gusta o no estamos de acuerdo con él, no es cuestión de rendirse ni hacer las cosas de mala gana, sino de encontrar una perspectiva más amplia y poderosa que nos brinde la inspiración y la fuerza necesarias para transitar ese desafío y obtener todos los beneficios que ello trae de la mano. Algunas preguntas a modo de guía que podemos formular para resignificar esto son: ¿a qué me desafía esta presentación o este público?, ¿qué tienen para enseñarme acerca de mí mismo?, ¿qué aspecto de mí puedo trabajar en este desafío que me resulte interesante o valioso?, ¿de qué otra manera puedo observar esta condición?, ¿qué valor oculto puedo investigar para lograr conectarme de manera auténtica y positiva con esta experiencia?, etc. La lista puede ser muy extensa. Nuevamente, el ejercicio creativo para encontrar una mirada más funcional y positiva sobre estos aspectos dará las oportunidades para revertir esa dificultad. No obstante, es posible que el reto percibido no tenga relación directa con el tema o la audiencia. Entonces, será el momento de profundizar aún más la mirada. O sea, mirar dentro de uno mismo. ¡El espacio del Yo!

CAPÍTULO 6

CONSCIENCIA DE SÍ MISMO. EL YO

Yo soy siendo...

Como ya dijimos, una oratoria consciente ocurre al plantearse, como orador, la posibilidad de trabajar sobre aspectos de sí mismo. De esta forma, tomamos consciencia de nuestras fortalezas y limitaciones. Si registramos lo que ocurre en nuestro interior al tener que enfrentar la situación de una presentación y si asumimos el compromiso personal de superarnos, podemos ir más allá de nuestros propios límites y trabajar sobre esos aspectos de nosotros que deseemos transformar. Este es uno de los dos núcleos de esta dimensión a la que llamaremos núcleo de **dimensión ontológica**, ya que remite a observar y estudiar aspectos relacionados con el ser; un segundo núcleo estará referido a las **habilidades técnicas** que nos constituyen como oradores: el manejo de la voz, los gestos, el cuerpo, la interpretación, etc.

La dimensión ontológica

En cuanto al primero de los núcleos, el ontológico, hay una pregunta que siempre hago a las personas que se están preparando para realizar una presentación: "¿Qué vas a trabajar tú de ti mismo aquí?". Algunos desean mejorar su trato con la gente, otros pretenden ser más claros o precisos y no darle vueltas a los temas. Hay quienes quieren tener mayor empatía y de esa forma tener mejor llegada al público. Otros se plantean el reto de adaptar su manera de hablar para ser menos estructurados, fríos o distantes. Por su parte, algunos buscan ser más divertidos. La lista es extensa. Se trata de un proceso de desafío personal que va por un carril paralelo al tema de la oratoria como simple acto de expresión o difusión de mensajes. El trabajo personal puede ser previo, pero también ocurre mientras hablamos. Vamos viviendo nuestra transformación personal a través de la oratoria. La acción de hablar es un acto de transformación en sí. No por el discurso en sí, ni por el mensaje o la retórica, sino a partir del devenir de quienes estamos siendo mientras compartimos experiencias con el otro. Allí radica la gran diferencia. No es cuestión de hablar bonito, sino de crear vivencias donde además de presentar una idea o mensaje también crecemos, maduramos, somos mejores en lo que sea que hagamos.

La coherencia entre cuerpo, lenguaje y emoción es la dimensión presentada por Rafael Echeverría en *Ontología del lenguaje*[1], el ámbito de expresión del ser y sus posibilidades de transformación. ¿Por qué hablamos entonces de un "estar siendo"? Este concepto está relacionado con una aproximación filosófica particular que cuestiona el paradigma metafísico y el pensamiento cartesiano propio de la modernidad (que propone que el ser es un espacio fijo e inmutable que se va descubriendo a lo largo de la vida). Su propuesta sugiere que el ser es resultado de una dinámica construida a partir del modo de ser-en-el-mundo (denominado Dasein por el filósofo Martin Heidegger) y se encuentra en un constante proceso de transformación.

---

1. Echeverría, R.: *Ontología del lenguaje*. Granica, Buenos Aires, 1994.

Este enfoque se relaciona con el constructivismo, que propone que nosotros como personas nos creamos a nosotros mismos a través de nuestro hacer. Tal como decíamos, nuestro ser no es algo fijo e inmutable sino que lo vamos construyendo, reconstruyendo y reinventando como resultado de nuestra acción. No somos de una manera dada sino que **estamos siendo**. Somos un espacio abierto a la transformación, al diseño. No somos terminables, por lo tanto, nunca estamos terminados.

Por eso, cuando hablamos de un proceso de autoconocimiento, estamos también realizando un proceso de autocreación (o de invención) que surge mediante la articulación de los conocimientos, los comportamientos y habilidades a nuestra disposición, con todo lo que percibimos que necesitamos para lograr lo que queremos. Sin olvidar que siempre será un recorte sesgado, podemos explicar de múltiples formas nuestro modo de ser actual y fundarlo también en múltiples razones de nuestra historia, pero recordemos que esos hechos pueden tener omisiones, distorsiones y generalizaciones que lleven a que nuestras explicaciones no sean tan exactas y certeras como creemos. Nuestros recuerdos de nosotros mismos no son tan precisos ni tan completos. Entonces, todo lo que decimos que somos tal vez no sea tan así. Esta duda nos invita a pensar que quizás aquellos aparentes sellos indelebles de nuestra personalidad puedan ser modificados, trascendidos o transformados; tanto como resultado de una reflexión como de una acción en sí. Es como si tomáramos un aspecto de nosotros que no nos gusta y pudiéramos cuestionarlo hasta encontrar una mirada diferente de ese aspecto que nos permita transformarlo o disolverlo. Por ejemplo, puedo decir que "soy" ansioso y recordar numerosos episodios de mi vida. Incluso puedo convocar a varios miembros de mi familia que darán testimonio y asentirán con la cabeza al decir: "Sí, el nene es ansioso". Desde una perspectiva tradicional podríamos afirmar que esta ansiedad es un rasgo de mi personalidad que nunca cambiará, salvo con medicación. En esta misma línea solo podrá esperarse para mi futuro que cualquier desafío que me mueva de mi zona de confort estará condicionado por la torpeza de mi ansiedad; entonces mis familiares se mirarán entre sí y dirán: "¿Qué más puede esperarse del nene? Pobrecito, es ansioso" y resignarnos todos a la suerte de mi triste condición.

Sin embargo, desde una mirada contructivista podemos formular que las condiciones que sostienen esa ansiedad tienen que ver con un modo particular de relacionarme con las circunstancias y no necesariamente con un rasgo inamovible de mi personalidad. De hecho, uno de los aportes que trae de la mano el coaching ontológico precisamente es el de modificar ese modo de mirar y de mirarnos, entendiendo que no somos de una manera fija sino que podemos cambiar. Es lo que se conoce como transformación. Cambia la mirada y cambia el mundo aunque nada cambie. Entonces, entre las muchas formas de abordar la ansiedad ante una situación incómoda con alguien, puedo explorar las emociones latentes que afloran ante los desafíos que me producen ansiedad y luego identificar las voces internas que me hablan ante esos desafíos y hasta proponer una conversación diferente cuando aparezcan. Algo así como un diálogo con la antigua imagen metafórica del diablito y el angelito que hablan en mi mente. Puedo imaginar el diablito que dice: "Apúrate, que el mundo está por explotar y dile en la cara a ese ser espantoso lo que se merece y que se entere de que se está aprovechando de ti", o también: "Apúrate, debes comerte las ocho milanesas que hay en esa bandeja porque se acaban rápido y el mundo va a explotar". Lindo diablito… Ante esta situación solo queda pedir asesoramiento al angelito: "Antes de hablar con esa persona tómate unos minutos y revisa lo que dirás para resolver el problema en lugar de agrandarlo". Y "Si se acaba el mundo y solo quedan esas ocho milanesas, mejor comer una sola despacio, disfrutarla y saborearla bien por si realmente llegara a ser la última".

Si bien estos ejemplos son muy simples para poder mostrar mejor el fenómeno, es importante dar al tema de la transformación su debida profundidad. El ejercicio de buscar otras miradas es tarea ardua y nada indica que necesariamente pueda disolver toda mi ansiedad acumulada durante mi larga vida como para dedicar un tiempo a conversar con los angelitos de mi mente. No es un principio voluntarista. Tal vez haya cambios que necesiten gestarse durante una vida entera para que ocurran en un solo instante. Sería maravilloso que ese instante ocurriera mientras aún estamos vivos. No obstante, aquí sugerimos una técnica que puede facilitar el proceso creativo de encontrar nuevas y mejores miradas sobre las circunstancias.

El tomar consciencia de quién estoy siendo es, básicamente, el ejercicio de poder distinguir. Los actos de distinción son posibles cuando a través de nuestra consciencia volvemos visible algo de nuestro mundo y su interrelación con lo que nos rodea. Al ser capaces de notar aquello que nos define podemos intervenir y hacer algo al respecto, transformándonos de una u otra manera por medio de la acción. Estos son algunos de los principios básicos del coaching ontológico.

Cuando nos damos cuenta del modo en que nos relacionamos con una circunstancia, entonces podemos hacer algo al respecto. Luego, podremos aprender lo que sea necesario para modificar esa condición. Al cambiar la acción, cambia naturalmente la perspectiva, el modo de ver las cosas; lo que en coaching llamamos "el observador".

La figura del observador toma metafóricamente el planteo que Werner Heisenberg aplica a la física cuántica y que proviene de la observación del electrón en su movimiento alrededor del núcleo de un átomo. Heisenberg intentaba medir la posición y la velocidad de un electrón, pero concluyó que al utilizar un microscopio de rayos gamma lo que estaba haciendo era aplicar una energía muy intensa sobre el electrón, disparándolo así en una nueva dirección y con otra velocidad. Por un lado, sin la luz de los rayos gamma resultaba imposible observar el fenómeno. Al mismo tiempo, la luz no es otra cosa que energía, por lo que aplicarla sobre el fenómeno implica modificarlo. Es decir, el fenómeno resulta alterado a partir de la observación. Así, este electrón cuando era observado se comportaba como un patrón de ondas, y cuando no, dejaba la huella de su paso como si fuera una partícula. La idea central aquí es que nosotros, por nuestra forma de mirar, no solo distinguimos un determinado fenómeno sino que intervenimos en él por el solo hecho de observarlo. Esto podemos notarlo de muchas formas en la vida cotidiana; por ejemplo, cuando sentimos que desde nuestras espaldas estamos siendo observados, si nos damos vuelta podemos corroborarlo.

Al igual que el tipo de luz que utilizamos para ver la realidad inevitablemente puede modificarla, como ocurre en el experimento de Heisenberg, lo mismo pasa con el lenguaje. Desde la perspectiva del coaching ontológico el lenguaje no es solo una herramienta para la comunicación sino que, además de representar la realidad, la crea. No se trata de un elemento descriptivo, pasivo, sino de un elemento generativo, activo. Por ejemplo, puedo decir "el día está lindo" y al hacerlo estoy expresando lo que representa el día para mí. Otra persona podría decir "el día está feo"; esa sería su propia valoración de lo que él como observador opina acerca del día. Pero también puedo decir "gracias" y al hacerlo no estoy describiendo nada. Cuando digo "basta" tampoco estoy describiendo nada; estoy creando algo en el lenguaje que impacta en la realidad y en la relación que tengo con un otro como resultado de esta acción. Esta es la contundencia del giro que propone el coaching ontológico: el poder del lenguaje a partir de su capacidad generativa y las posibilidades de acción que trae de la mano.

Ahora bien, cuando hablamos de consciencia no nos referimos necesariamente a un principio místico sino que en este caso tiene que ver con una mirada más bien ontológica. Al tomar consciencia podemos hacer distinciones y así transformarnos a nosotros mismos a partir de las posibilidades que nos proporciona el desafío de la oratoria al exponernos, desafiarnos y movernos de nuestra zona de confort. La oratoria utiliza como vehículo el lenguaje y, como dijimos antes, ese es un componente esencial que va más allá de las posibilidades de comunicación y que está relacionado con las oportunidades de coordinar acciones con otros y para la transformación personal.

A través de la consciencia buscamos distinguir aspectos de nosotros mismos, pero aquí no me refiero a saber quién soy, sino a registrar las competencias, habilidades o formas de ser a mi disposición en este momento. Este no es un planteo esencialista. No hablo aquí de esencia porque no tengo forma alguna de corroborar de forma fehaciente qué es una esencia o cuál es su naturaleza. En cambio, sí puedo hablar de una experiencia.

Si una persona que se considera a sí misma como esencialmente triste, pero cuando ve una comedia se muere de risa, ¿podemos decir que no es ella misma cuando se ríe? ¿Que está fuera de su esencia? No lo creo. Por eso, el foco aquí está puesto en la experiencia que transforma a la persona. Tal vez lo que llamamos esencia sea tan solo una capa más que surge de nuestro modo de ver el mundo. Esta es solo una especulación.

Por eso hablamos aquí de un "estar siendo", en lugar de ser esencialmente de una u otra manera. Algunas veces escuchamos frases del tipo "la gente no cambia" o "yo soy esencialmente así". Desde una mirada ontológica, tal vez podríamos asumir que si no cambia no es solo por una imposibilidad fáctica, sino porque no están dadas las condiciones para que ese cambio ocurra. Esto dependerá tanto de sus ganas y su compromiso, como de ciertos factores que podríamos llamar fácticos o externos. No es cuestión de un simple acto de la voluntad. Creemos que se necesita algo más que ganas para que algo ocurra. El compromiso es clave, pero solo constituye un primer paso. Lo interesante de esta perspectiva tal vez sea que cada uno de nosotros puede entrenar, desarrollar y desplegar diferentes formas de ser (o de estar siendo). Esto es clave para el trabajo de un orador consciente: disponer de varias formas de ser no significa ser alguien diferente de quienes somos, sino desplegar distintas facetas propias que surgen ante diversas experiencias.

De este modo, desarrollamos una determinada manera de estar siendo en el mundo según las distinciones que podemos hacer de lo que percibimos. El vehículo a través del cual damos sentido y significado a esas distinciones es el lenguaje. Asimismo, no solo distinguimos nuestra realidad circundante, sino que también la creamos a través de él. Por ejemplo, aquella conversación privada que puedo tener conmigo mientras camino al encuentro con un cliente. Según las particularidades de lo que me diga, será el modo en que estaré en esa conversación. Si lo que me digo es que será una experiencia desafiante pero productiva y que estaré sumamente atento a todas las oportunidades para crear una experiencia memorable, seguro que mi forma de estar siendo ante esa circunstancia será diferente que si me digo que será una pérdida de tiempo porque esa persona es muy cerrada, desconfiada y egoísta.

Como oradores estamos siendo de una manera particular no solo por lo que nos decimos a nosotros mismos, sino también por lo que creamos con los otros.

Cuanto mayor sea el número de distinciones que poseemos ante la experiencia que nos proponemos generar, mayores serán las oportunidades para lograrla. Ello lo hace posible el lenguaje.

Así como el lenguaje es acción y es un espacio que define nuestras posibilidades como seres humanos, resultará relevante el modo en que esas acciones se coordinen con los otros. Constantemente estamos coordinando acciones de una u otra manera; ya sea cuando combinamos con alguien un día para una cita o cuando le enviamos un mail haciendo un requerimiento. Lo hacemos todo el tiempo. De hecho, la forma básica de coordinación de acciones en el lenguaje es lo que en coaching llamamos "conversar". Conversar es interactuar con otro, lo que el biólogo Humberto Maturana denomina "lenguajear", en *El árbol del conocimiento*,[2] que es el entrecruzamiento entre lenguaje, emoción y cuerpo. Nosotros "somos" a partir de nuestras conversaciones.

Existen al menos dos tipos de conversaciones: las conversaciones públicas, es decir, con otros, y las conversaciones privadas, que son las que tenemos con nosotros mismos. Desde la mirada del coaching ontológico, esas conversaciones toman forma a partir de cinco acciones que se realizan en el lenguaje, llamadas actos lingüísticos. A través de ellos, además de crear nuestra realidad en nosotros mismos con nuestras conversaciones privadas, construimos también la realidad en el mundo sobre el que operamos con las conversaciones públicas. Tres de los cinco actos lingüísticos se relacionan con nuestras coordinaciones con los otros; es decir, con las conversaciones públicas. Estos son los pedidos, las ofertas y las promesas.

Los **pedidos** tienen que ver con la acción de solicitar algo a alguien y con la respuesta que brindará esa persona para satisfacer o no el pedido. Las habilidades para formular pedidos efectivos tienen que ver con distinguir lo que pedimos, cómo lo pedimos, a quién se lo pedimos y la respuesta que este pueda realizar. La contracara del pedido es la **oferta**, que es la acción que realizamos cuando ofrecemos algo

---

2. Maturana, R. H. y Varela, G.: *El árbol del conocimiento*. Debate, Madrid, 1996.

a alguien para hacer algo determinado. Si yo no hago esa oferta, el otro no sabe que yo estoy disponible para realizar eso, por lo cual la oferta (tanto como el pedido) es una acción en el lenguaje que modifica la realidad o incluso la crea. Afirmamos que la modifica porque gracias a la realización de ese pedido u oferta podemos obtener algo que de otra forma no habríamos obtenido. Las **promesas**, por su parte, se establecen a partir de la respuesta afirmativa que se dé ante un pedido o una oferta. Por ejemplo, si le pido a mi hijo que me traiga agua, en el momento en que accede a ese pedido, queda conformada una promesa para traerla. Al acceder a nuestro pedido se convierte para el otro en una promesa. Esa promesa involucra la imagen, la identidad y el mundo que vamos a crear en el contexto de la relación. Tal vez no haya consecuencias graves si mi hijo no me trae el agua que le pedí y a lo que él me respondió que sí; pero cuando el pedido tiene otro nivel de implicancias y la promesa no se cumple, entonces la identidad y la relación estarán condicionadas por ese incumplimiento. El saber hacer pedidos y ofertas, tanto como manejar las promesas en relación con los otros, modifica el ámbito de posibilidades tanto para nosotros como para el mundo que nos rodea.

Los otros dos actos lingüísticos tienen que ver con la relación que tenemos con nuestra propia percepción del mundo y con nuestra capacidad de intervenir en la realidad. Estos actos son las afirmaciones y las declaraciones. Las **afirmaciones** son descripciones de lo que percibo y pueden ser verdaderas o falsas según la evidencia que ofrezco. La evidencia le otorga a una afirmación su condición de verdad. Cada vez que afirmo algo, desde el lenguaje estoy asumiendo un compromiso con el otro para proveer la evidencia que respalde mi afirmación. Por ejemplo, puedo afirmar que hoy es lunes y según la evidencia que provea podrá ser una afirmación verdadera o falsa. La falta de evidencia no presupone falsedad. Si no tengo evidencia a la mano para probar que hoy es lunes, no significa que sea un día distinto. Quedará en ese caso en suspenso hasta poder comprobar la fecha con elementos suficientes que prueben su veracidad.

Por otro lado, están las **declaraciones**. Mientras que en las afirmaciones el mundo antecede al lenguaje, en el terreno de las declaraciones es al revés: primero está la palabra y luego viene el mundo. Por ejemplo, cuando digo "Voy a hacer dieta", todavía no la hice, pero estoy declarando que la haré. Un juez declara inocente a un imputado, con lo cual, desde su autoridad, su declaración altera la realidad. El acusado es culpable o inocente ante la Justicia según la declaración del juez y no necesariamente por haber cometido o no el delito. Así como las afirmaciones pueden ser verdaderas o falsas, las declaraciones pueden ser válidas o inválidas, sobre la base de la autoridad que tenga quien las declara.

Si una persona cualquiera en la calle me dice "¡Alto!", probablemente no le voy a hacer caso, pero si es un policía ni siquiera lo pienso, me detengo. Al policía le doy esa autoridad ya que la sociedad en su conjunto valida su autoridad. O al menos así es como debería ser.

A partir de 1972 la Conferencia General de la Unesco aprobó la Convención sobre la Protección del Patrimonio Mundial Cultural y Natural. Desde entonces, cuando declara que un edificio, una zona geográfica o una ciudad es Patrimonio Mundial, los 190 países que reconocen la autoridad de la Unesco se comprometen a preservar ese patrimonio, entendiendo que esta protección beneficia a toda la comunidad internacional. Con la declaración de la Unesco cambió la realidad de la sociedad, cambiaron las reglas de juego.

Una subespecie de las declaraciones son los **juicios**, las opiniones. Los juicios pueden ser expresados sobre la base de cierto estándar, como cuando decimos "Esto está muy bueno", o sobre un principio rector que tiene que ver más con el modelo moral propio, "Esto está bien". Un juicio puede ser fundado o infundado, pero no verdadero ya que este es terreno de las afirmaciones. El hecho de que todos estemos de acuerdo en un juicio no lo convierte en verdad. A lo sumo, será un juicio consensuado.

Cuando hablamos en nombre de la verdad y decimos "Juan es un genio" lo expresamos como si fuera una afirmación, pero en realidad es un juicio; estamos confundiendo el acto lingüístico. Afirmar tiene que ver con una observación que hago a partir de algo que percibo, y juzgar tiene que ver con una valoración que le doy a aquello que percibo. La valoración habla de mí, no del objeto. Al decir "Juan es un genio" estoy hablando de la forma en la que yo lo percibo. Los juicios no se refieren directamente al fenómeno sino a la forma que tiene cada uno de relacionarse con ese fenómeno; poseen estándares que una afirmación no tiene. La genialidad no es un atributo de la personalidad de Juan sino el modo en que yo evalúo su posible creatividad o ingenio.

La ontología del lenguaje nos brinda también una estructura para explicar ese "yo", como *speaker*, en la coherencia entre **cuerpo**, **lenguaje** y **emoción**. También nos ayuda a distinguir quién estoy siendo y la emoción en la que me envuelvo al momento de decir algo que quiero decir. Al mismo tiempo, un orador que puede distinguir cada uno de estos actos lingüísticos en su presentación dispondrá de mayores recursos para llevar de la mano a su audiencia durante el transcurso de su ponencia. Si lo vemos con esta perspectiva, toda presentación posee afirmaciones (datos) y declaraciones que le dan forma. Al mismo tiempo el orador puede formular pedidos, realizar ofertas y hacer promesas relacionadas con lo que se propone presentar.

La dinámica emocional en la presentación

Una emoción representa una determinada disposición para la acción. Todo lo que hacemos está de alguna manera influenciado por la emoción en la que estamos. Desde que tenemos consciencia, nos escuchamos a nosotros mismos y a otros decir frases del tipo "soy preso de mis emociones", "mi problema es que soy emocional" o "no quisiera emocionarme tanto con este asunto", por citar solo algunas de ellas. Lo cierto es que, para bien o para mal, las emociones nos acompañan a lo largo de toda la vida. Nos guste o no, mientras vivamos estarán allí.

Nuestras emociones no son buenas ni malas

Al estar siempre allí, podemos entonces aprender a evaluarlas basados en su contribución. Por ejemplo, la tristeza puede ser beneficiosa para llevarnos a reflexionar sobre algo en lo que fallamos, y ayudarnos a generar algunos aprendizajes para que una determinada situación no se repita. Nos brinda una especie de "alerta" sobre algo que esperábamos que fuera de otra forma y no ocurrió. Nos brinda información sobre nuestras expectativas, limitaciones o habilidades para responder ante una determinada situación. También nos coloca en un cierto lugar de vulnerabilidad que puede abrirnos a recibir afecto o atención de otros. Puede hacernos "más humanos". En cualquiera de esos casos, es posible que tenga un desenlace útil o beneficioso para nosotros. Ahora bien, si nos quedamos instalados en esa tristeza durante cierto tiempo y observamos todo desde esa única perspectiva, corremos el riesgo de quedarnos atorados en un lugar de víctima, colocando todo el peso en el afuera. Si no hay apertura, revisión o aprendizaje puede resultarnos altamente perjudicial. Lo mismo ocurre con la alegría. Cierto entusiasmo puede llevarnos a pasar por alto, ingenuamente, cuestiones que luego nos pueden perjudicar.

No podemos evitarlas

Otro aspecto es que ocurren como respuesta de nuestra biología ante los estímulos de la vida. No obstante, sí podemos manejarlas. No somos responsables por ellas, pero sí podemos serlo sobre la duración y la intensidad con que las experimentamos.

Las emociones producen conductas y viceversa

Así como nuestras acciones surgen de una emoción en particular, también podemos generar emociones a partir de nuestras acciones. Nos es posible "evocar" emociones a partir de ciertas actitudes. Por ejemplo, si estamos tristes tendremos pocas ganas de hacer algunas cosas. Desde esa emoción, hay acciones que son posibles y otras no. Ahora, si decidimos hacer algo al respecto y vamos al cine a ver una comedia o conversamos con alguien, es probable que con esa acción tendremos más posibilidades de producir una nueva emoción que nos brinde una nueva perspectiva para movernos de la tristeza.

No es lo mismo emoción que sentimiento

Tal como dijimos, las emociones son el resultado de la interacción de nuestro mundo interior con el medio ambiente. No siempre somos conscientes de ellas. Son la respuesta biológica de nuestro organismo. La forma en que se expresa nuestra unidad cuerpo-cerebro-mente. Cuando tomamos registro de nuestro estado, podemos decir que estamos ante un sentimiento. El sentimiento es emoción consciente. Es la experiencia privada y mental de una emoción.

Existen diferentes tipos de emoción

El investigador Silvan Tomkins, de las universidades de Harvard y Princeton, en la década del cuarenta planteó que los seres humanos tenemos ocho emociones primarias: sorpresa, interés, alegría, miedo, ira, aversión, vergüenza y angustia. Más recientemente, Paul Ekman en *Atlas of Emotions* 2016[3] redujo esta lista a solo cinco: alegría, miedo, ira, disgusto y tristeza. Este psicólogo especializado en el tema realizó una profunda investigación recientemente publicada a partir de un estudio que compartió junto con el Dalai Lama y para el que consultó a 140 científicos. Otro especialista, Robert Plutchik[4], expuso una de las teorías mejor elaboradas sobre la combinación de emociones, planteada en lo que llamó "la rueda de las emociones". Allí puede verse claramente cómo la combinación de las emociones primarias dan origen a las secundarias. Según él los seres humanos tenemos ocho emociones primarias y ocho emociones secundarias, que surgen de las combinaciones de estas.

3. Ekman, P.: *Atlas of Emotions* 2016 www.http://atlasofemotions.org/
4. Plutchik, R.: *Theory, Research and Experiences*, vol. I, *Theories of Emotion*. Academic Press, Nueva York, 1980.

Como orador puedo estar en una determinada emoción, la alegría o el entusiasmo, pero también lo que voy a decir tiene su emoción en particular. Si lo que quiero comunicar se relaciona con malas noticias, tal vez la alegría sea inadecuada y resulte necesario estar serio. O, tal vez, tenga que llamar la atención sobre algo importante para lo cual necesite un nivel de intensidad, por eso debo buscar la emoción que sea coherente con el mensaje que necesite dar o la experiencia que quiera crear.

Entonces, puede identificarse la emoción propia de lo que quiero decir, la emoción que requiere el mensaje e incluso la emoción que asumimos que el público necesita. De todas ellas, esta última es la más difícil de identificar puesto que no siempre logramos hacer una lectura acertada de "lo que el público necesita". Podemos a veces inferir que precisamos adoptar una postura firme si observamos que un público es rebelde o no muestra interés, y tal vez no sea esta la más adecuada para esa gente en particular. No todo el público rebelde responde con sumisión ante la firmeza. Este es un punto complejo y sumamente subjetivo. De todas formas, lo importante aquí es que un orador pueda manejar un amplio repertorio de matices emocionales para ir moviéndose de uno a otro según la situación lo requiera. Así, la riqueza de una exposición estará en la habilidad para moverse armoniosamente de la alegría al ímpetu, del enojo a la pasión y de ella hacia la calma de una reflexión, etc. Todo un *collage* de emociones. Cuanto mayor manejo emocional posea un orador, mejor podrá moverse entre ellas para generar la conexión que cree la experiencia buscada.

Contextos emocionales

Tal como podemos observar, toda presentación debería considerar su contexto emocional, que puede estar en el tenor de las palabras, las particularidades del ambiente o los estímulos que utilicemos como oradores, videos, ciertas músicas o compartiendo determinadas historias. Estos recursos pueden despertar la sensibilidad de la gente de tal forma que transmita un mensaje con mayor eficacia. Hablamos de sensibilizar, sin sensacionalismo ni golpes bajos innecesarios. Muchas veces esto se confunde y se crean ambientes que pueden resultar contrarios a lo buscado. El aspecto emocional es delicado y es importante tratarlo con altura y respeto.

Lo que hacemos, en otras palabras, es crear un clima que envuelva a la audiencia y al mismo tiempo esté en sintonía con el tema de nuestra charla. Así como mencionamos que idealmente una presentación debe articularse de forma que las características personales del orador se vean representadas tanto en la forma como en el contenido, podemos decir algo similar del modo en que nosotros, como oradores, tomamos nuestra dinámica emocional.

Por otro lado, también debemos cuidar el modo en que expresamos las ideas. Esto hace al contexto porque determina el lugar desde el que estoy hablando. Por ejemplo, muchos oradores suelen hablar en segunda persona durante las presentaciones. Hablan de sí mismos como si fuera de otro. Dicen: "Te levantas a la mañana, estás contento, caminas hacia la calle, etc.". Cuando trabajo con muchos *speakers* buscamos desarrollar el difícil hábito de hablar en primera persona: "Me levanto a la mañana, hago mi desayuno, me dirijo al trabajo". Si bien esto parece un detalle sutil, cambia por completo las características de un discurso. Al hablar desde nuestra individualidad evitamos el vicio de hablar del impersonal "uno": "A uno le gusta que lo traten bien". Como si la experiencia personal fuera un reflejo de la condición humana. En ese sentido diría: "A mí me gusta que me traten bien". Hablar en primera persona ancla el discurso en mi persona, lo convierte en el relato de mi experiencia real y concreta. No es la verdad revelada; es solo mi experiencia. El público, en lugar de manejar conceptos etéreos, se relaciona de forma directa con la individualidad del orador, lo cual genera un contexto de cierta intimidad, y a partir de allí, la resonancia en la identificación con el otro. Ya no se trata de generalidades, de cosas que puede decir cualquiera, sino de un discurso en el cual el orador se brinda en cuerpo y alma.

Podemos también identificar contextos emocionales en la etapa de diseño de la presentación, al buscar la manera estratégica de pasar tal vez por tres o cuatro emociones diferentes. Como si fueran cambios de escena; y así ver cuáles pueden ser los recursos que faciliten cada una de las emociones que queremos generar en la audiencia. De la misma manera es posible preguntarnos qué emociones pueden servir a esta audiencia para mantenerla atenta, interesada, conectada e inspirada. Sin duda, las emociones, contribuyen muy intensamente a todo esto, a la vez que ayudan a fijar ideas y conceptos. Recordemos la famosa frase de Maya Angelou *"la gente olvidará lo que dijiste, olvidará lo que hiciste, pero nunca olvidará cómo la hiciste sentir"*.

Ahora bien, para generar diferentes contextos emocionales podemos recurrir a varias estrategias. En función de la emoción que se desea evocar existen videos, músicas, actividades y relatos que movilizarán a nuestra audiencia en diferentes direcciones.

Un ejercicio útil para comprender mejor la dinámica emocional de una presentación es tomar el texto de lo que se va a presentar y marcarlo o subrayarlo con tres o más colores diferentes. Cada color representará una emoción (puede utilizarse como referencia cualquiera de las emociones consignadas en el cuadro de la rueda de las emociones). Entonces, todo el texto debe quedar marcado con algún color. Si hay algún pasaje donde se presenta un concepto técnico que requiera la emoción de la calma, irá con un color; una sección donde se realice una actividad dinámica que precise entusiasmo, puede ir con otro; una instancia donde se relate una historia que inspire o conmueva, será con otro color. Así, hasta cubrir todo el guion. Ello permitirá hacer más visible el continuo de la dinámica emocional de la presentación y nos mostrará en colores las emociones más recurrentes. Esto también permitirá realizar posibles ajustes según la experiencia que se desee crear. Por ejemplo, si el verde representa alegría, el amarillo reflexión, el rojo firmeza y el azul entusiasmo (el criterio en el empleo de los colores es arbitrario) entonces habrá una variación cromática de toda la presentación y dará mayor visibilidad a lo que se necesite agregar, modificar o quitar.

La otra cara de este espacio personal tiene que ver con los aspectos donde se materializan nuestra individualidad. Son todas aquellas habilidades técnicas con las que se expresan los mensajes.

El Yo y las habilidades técnicas

El cuerpo

El cuerpo es el templo donde habita nuesta existencia. Todo lo que nos ocurre repercute en él y viceversa. Nuestro cuerpo tiene su propio lenguaje y sabe bien cómo expresarse; aunque no siempre sepamos comprender sus mensajes. Cuando aprendemos a entenderlo y conocerlo podemos hacer que nos acompañe y sea nuestro más valioso aliado. Por otra parte, nuestras emociones son el reflejo de nuestra experiencia sobre las circunstancias, y el cuerpo es el vehículo a través del cual se exteriorizan y salen al mundo. Por eso, resulta útil invitar a nuestro cuerpo a nuestras presentaciones orales para compartir junto con él la experiencia. Hablamos en el capítulo anterior de la memoria corporal, ahora nos ocuparemos de entrenar y preparar nuestra corporalidad para la exposición.

El manejo del cuerpo es un punto delicado para muchas personas, sobre todo para las más racionales y mentales. Para muchos, simplemente se trata de un vehículo que sirve solo para llevar la cabeza de un lado a otro. Lo curioso, es que el mayor potencial de una comunicación precisamente radica en un espacio mucho más amplio que el de las meras palabras. En los años setenta el psicólogo Albert Mehrabian, profesor emérito de la Universidad de California, publicó dos estudios[5] que dieron con lo que llamó la regla del 7-38-55 que alude al porcentaje de los factores que determinan la comunicación: el 7 por ciento se refiere a lo verbal, el 38 por ciento a la voz y el 55 por ciento restante al lenguaje corporal. En conclusión: la mayor fuerza de un mensaje estará en el empleo adecuado de las manos, los gestos, la mirada y el desplazamiento dentro del espacio físico.

Si hablamos entonces solo desde la razón, la gente escuchará razones, racionalizaciones y explicaciones. El rango de experiencias posibles en esa conexión puede ser muy positivo, pero será limitado. Si en cambio apelamos al cuerpo para comunicarnos (empleando de forma voluntaria gestos, tonos, miradas), seguramente generaremos sensaciones más intensas en la audiencia. Si hablamos con emoción, la gente va a evocar sus propias emociones y su propia experiencia a través de ellas. En síntesis, si logramos transmitir un mensaje que surja de la coherencia entre cuerpo, lenguaje y emoción, estaremos comunicándonos desde un lugar más amplio y el impacto de nuestro mensaje tendrá mayor profundidad porque ofrecerá la posibilidad de una experiencia más completa e integrada.

Para ello, podemos tomar algunos recursos útiles que ayuden a sumar nuestro cuerpo a la presentación de una manera armoniosa.

---

5. Mehrabian, A.: *Silent Messages*. Wadsworth Publishing Company, Belmont CA, 1972.

- **Adueñarse del espacio.** Para prepararnos antes de una presentación, podemos hacerlo como un deportista antes de su actividad, elongando músculos (cuello, hombros, tronco, incluso cintura), luego estirando brazos y piernas, estimulando la circulación. Con los años adopté un ritual que me ha sido de mucha ayuda en eventos muy grandes o desafiantes. Antes de que entren los invitados o participantes, cuando la sala todavía esta vacía y el equipo organizador está ocupado ultimando los detalles, camino por la sala entre las butacas, mirando al escenario e imaginándome en mi mejor versión. Luego, camino por el escenario, pienso en pasajes de mi charla y me imagino relajado. Me muevo en ese espacio. Si bien hay veces en que la presentación puede ser en formato de panel, sentados en una silla y con una mesa delante, o parados detrás de un atril, lo mejor es siempre disponer de todo el espacio de un escenario para poder desplazarse bien. Esto ayuda también a movilizar la energía del cuerpo a partir del movimiento. Permite evitar el efecto "pasa de uva". Adueñarnos del espacio requiere manejar nuestro esquema corporal. El movimiento ayuda. Algunos oradores antes de empezar una charla saltan en su lugar (detrás del escenario, por supuesto). Eso les permite energizarse.
- **Conectarse con el propio cuerpo.** Este aliado tan necesario necesita permiso para expresarse. Si hay tensión o represión, se contrae. Por ello, una buena forma de prepararlo y entrenarlo es exponerlo a situaciones que lo ayuden a soltarse: el baile, la práctica de un deporte, la eutonía y muchas otras disciplinas contribuyen favorablemente para aprender a manejar el esquema corporal y así ganar la complicidad de nuestro cuerpo al momento de realizar una presentación y que se encuentre relajado y suelto.

- **La postura física puede modificar nuestro estado mental y el de la gente**. Hay un ejercicio que realizamos muchos coaches cuando queremos mostrar el impacto de la corporalidad en la emoción. Le pedimos al coachee que se siente derecho con la cabeza erguida y que dibuje en su rostro la sonrisa más grande que pueda. Luego, en esa postura, le pedimos que cuente alguna historia triste sin dejar de sonreír ni bajar los hombros. Les resulta imposible. No lo pueden sostener. Ya sea porque cambian su postura para acompasar la tristeza o porque comienzan a reírse de la situación y su relato pierde la emocionalidad solicitada. Esto ocurre por la contradicción entre los mensajes del cuerpo y los de la mente. Uno de los dos siempre gana y arrastra al otro. Los corredores de maratón conocen muy bien esta dinámica. El cuerpo debidamente entrenado puede trascender a la mente. O también podría decirse que la mente puede entrenar al cuerpo para que este luego la entrene a ella. El círculo virtuoso se realimenta a sí mismo cuando ambos se acompañan en el proceso de la vida. Un cuerpo sano y conectado permitirá una mente atenta y enfocada.

- **Postura erguida, flexible y abierta**. Estas tres posturas no son solamente físicas. Son también actitudes mentales. Para muchas personas resulta más fácil empezar por el cuerpo, ya que el efecto se percibe con mayor rapidez. Ahora bien, para que estos comportamientos perduren en el tiempo será necesario repetirlos varias veces, hasta que se conviertan en un hábito. Cuando se logra instalar estas posturas en el propio esquema corporal (y mental), después resulta mucho más fácil, incluso analizar y transitar todas esas negatividades que provocan los nudos que se generan en el cuerpo. Por eso es importante aclarar que no va a disolverse un trauma o modificarse un modelo mental por el solo hecho de pararse erguido y pensar cosas bonitas. Al contrario, los dos procesos deben ir de la mano. Aprender a desatar nudos sirve de poco si no sabemos manejar también aquello que los genera; y no son necesariamente factores externos. Para que un cambio sea sostenible, es necesario mirar las dos caras: los nudos y las perspectivas propias que los producen. Por eso damos tanta importancia al trabajo con uno mismo, además del desarrollo de técnicas para la exposición oral. Ambos son fundamentales.

Al incluir en nuestra agenda de diseño de la presentación tanto el trabajo del Yo como el trabajo corporal, estaremos buscando movimientos naturales y fluidos que acompañen los mensajes que se desea transmitir.

- **Las manos**. Estas dos maravillosas extremidades que nos permiten hacer cosas increíbles se convierten para muchos en un estorbo molesto al momento de pararse en un escenario o hablar ante otros. Simplemente, están de más, sobran. Eso tiene su base en la falta de práctica en ese dominio. Con las mismas manos con las que un artista puede esculpir una estatua maravillosa, luego no sabe qué hacer con ellas cuando le explica a un público el significado de su obra. Tal como lo hemos expresado otras veces, el reto no necesariamente está en saber qué hacer con ellas, sino en la falta de práctica en la exposición oral. Las manos se mueven solas cuando nuestra atención está en lo que queremos crear. Si desviamos el foco hacia ellas, entonces tendremos dos problemas: lo que hacemos con las manos y los que decimos con las palabras. Así, de las muchas soluciones a este problema, sugerimos cuatro que pueden resultar útiles.

  – **Mantener la atención en el mensaje, el propósito de la presentación y el público presente**. Las manos se acomodarán por sí solas. Ellas saben qué hacer con naturalidad y no necesitan de una mente controladora y obsesiva que las moleste todo el tiempo.

– **Practicar previamente teniendo consciencia de los ademanes**. Este es un ejercicio práctico que permite automatizar y fijar los movimientos; al igual que cuando pisamos los pedales del vehículo que conducimos y no miramos nuestros pies, simplemente lo hacemos. Cuando se repasa la charla, se puede practicar y mover las manos atendiendo a sus movimientos. Practicar haciendo conscientes los movimientos y conectándonos con el tema y lo que se va diciendo.

– **Utilizar un objeto**. A veces, el sostener con la mano un objeto mientras se habla ayuda a trasladar hacia este la tensión del momento. Puede ser una lapicera, un marcador o una carpeta.

– **Poner las manos en los bolsillos**. Hay públicos que se molestan por esta actitud ya que puede ser percibida como un gesto de soberbia o altanería. Lo cierto es que si no se sabe qué hacer con las manos y el orador se distrae por no encontrar un lugar para ellas, mejor es colocarlas en los bolsillos y listo. Se acabó el problema. En todo caso, podrá continuar elaborando su problema luego con su terapeuta, pero a los efectos de la presentación, funciona.

Los gestos

Tenemos 43 músculos faciales, lo cual nos ofrece miles de combinaciones posibles. Los gestos dicen mucho y no siempre somos conscientes de lo que expresamos con nuestra cara. En relación con el trabajo del orador, el cuidado de las expresiones y el entrenamiento en ellas permitirá impulsar la experiencia buscada. Primero, se puede entrenar los músculos de la cara mediante ejercicios que permitan dar mayor flexibilidad a la expresión. Puede trabajarse estirando y comprimiendo las mejillas, inflándolas suavemente como si fueran un globo. Además es posible hacerlo moviendo los labios con la boca cerrada en varias direcciones, como así también subiendo y bajando las cejas. Recomiendo especialmente buscar en YouTube los videos de Luciano Rosso, un artista con una impresionante calidad expresiva. También se puede entrenar utilizando segmentos de textos de la presentación tratando de decirlos con diferentes gestos; por ejemplo, con el ceño fruncido, con rostro alegre, con cara de tristeza. No importa el contenido del texto, lo importante es trabajar los gestos jugando, probando. Así aparecerán los gestos más adecuados para sumar al propio repertorio de expresiones.

Por último, es importante estar atento y cuidar los propios gestos desde el inicio mismo hasta que salimos por completo del alcance visual del público. Muchos oradores descuidan este factor y ocurre que a veces suben al escenario con gesto de preocupación y cuando empiezan a hablar en un segundo se transforman en personas alegres y enérgicas. Lo mismo ocurre al terminar, dicen "muchas gracias" sonriendo, pero mientras bajan del escenario se los observa serios, angustiados o molestos. Incluso a veces nuestros gestos nos traicionan. Cuando alguien nos pregunta cómo estamos y respondemos "fantástico, es el mejor día de mi vida" pero lo decimos con el ceño fruncido, los hombros caídos y la mirada perdida en el piso. Con una alegría así, imagino cómo debe ser la tristeza...

La mirada

En los años ochenta una famosa película argentina, *Hombre mirando al sudeste,* narraba la historia de una persona internada en un neuropsiquiátrico que afirmaba ser un extraterrestre y pasaba horas frente a una pared mirándola fijamente. Cuando alguien le preguntaba qué estaba haciendo, el personaje llamado Ramtés, siempre respondía: "Estoy enviando y recibiendo información". Muchos oradores parecen Ramtés cuando hablan. Miran al vacío, al piso, a su computadora o transitan toda la presentación de espaldas al público mirando la pantalla. Sin duda, esta referencia de una película de hace más de treinta años sirve para muchos oradores que en la actualidad hablan como si estuvieran en un escenario similar al del film.

Un orador consciente debería estar atento, con su mirada lista para conectar con el otro. Dicen que los ojos son las ventanas del alma. Entonces, al mirar a otro no solo podemos ver esa alma que el otro puede estar invitándonos a compartir, sino que al hacerlo también abrimos nuestra alma. Es inevitable. Lo maravilloso de poder conectarse con la mirada es que ahorra muchas palabras. Con la mirada invitamos y convidamos a una experiencia de conexión genuina. Por otro lado, también con la mirada amenazamos, provocamos y agredimos. Al tomar conciencia del enorme poder de la mirada, podemos ser más cuidadosos al momento de crear experiencias con otros. Para ello resultará de utilidad que, como presentadores, hagamos contacto visual con tanta gente cuanto podamos durante la presentación. Se puede ir abarcando por zonas con la mirada. Incluso durante la práctica previa podemos ensayar imaginando que hablamos a la gente que está adelante, a quienes están atrás, a la izquierda y luego a la derecha. Más tarde, al estar en vivo podemos hacerlo también buscando siempre la mirada amable de aquellos que parezcan estar acompañando la presentación con interés. Allí es donde conviene hacer foco, en las miradas amigables. Siempre tendremos tanto miradas interesadas como otras resistentes. Podemos estratégicamente entonces utilizar las miradas amistosas para mantener la calma, y las resistentes para analizar, si son muchas, la posibilidad de un cambio de rumbo.

El hábito de mirar a los ojos resulta especialmente desafiante en estos tiempos de individualismo y distanciamiento. Hoy resulta más común mirar al piso, la pared o el monitor del teléfono cuando hablamos con alguien. Lo cierto es que ese comportamiento, en cierto nivel, niega la existencia del otro y transmite un mensaje del tipo "lo que dices puede ser interesante, pero tú no importas; no necesito mirarte para entender lo que dices". Volviendo entonces a la regla de Mehrabian, el mensaje que estas personas están dando con esa actitud en realidad es: "*dime tu 7 por ciento que yo me ocuparé del 93 por ciento restante*". El peligro de esta situación es que las relaciones que podemos obtener desde esta perspectiva solo podrán acceder a un 7 por ciento de conexión. Particularmente, prefiero las relaciones de 100 por ciento. No me alcanza con ese pobre 7 por ciento. Por eso, al hablar a otros prefiero mirar y dar mi 100 por ciento. Bueno o malo, pero completo. De la misma forma, entiendo que podré ser mucho más útil a otras personas que buscan un 100 por ciento de la experiencia si me dan permiso para darles todo lo que tengo para dar. Creo que hoy resulta muy costoso movilizarse hasta un cierto lugar para obtener un escaso 7 por ciento. Por eso, volviendo al tema de la consciencia, al mirar y buscar miradas, contribuimos a generar experiencias mucho más abundantes y redituables para todos si miramos no solo con los ojos, sino con el alma que los sostiene. Al 100 por ciento. Para bien o para mal, pero completo, con generosidad y en integridad.

La voz

Toda presentación tiene su propio sonido. Los músicos que componen la banda sonora de una película toman la experiencia de cada momento y le imprimen una determinada sonoridad según la escena. Los locutores de radio que presentan las noticias, no hablan de la misma forma que los que dicen las publicidades. Cada momento suena de una manera. Un presentador que está consciente de su voz, sabrá cuándo subir el tono para dar más energía a lo que dice; o cuándo bajarlo para crear un ambiente más íntimo. Sabrá también cuándo sonreír o permanecer serio. Sin dudas, quien ya lo tiene incorporado lo hace naturalmente y sin mediar esfuerzo. Pero nada de eso se logra sin práctica ni experiencia. El trabajo vocal es una aventura maravillosa para sonorizar una presentación y darle matices que la enriquezcan. Aquí, los recursos no son externos; todo sale de adentro.

Ahora bien, para que todo suene tal como lo deseamos podemos enfocarnos en tres aspectos principales para que la voz tenga el brillo y la sonoridad necesarias.

- **Articulación**. Se refiere a la pronunciación de las palabras, el manejo del aire y la proyección de la voz. Cuando la pronunciación es clara y abierta llega más lejos, se entiende mejor y envuelve con su sonoridad. Algunos ejercicios útiles para entrenar la articulación pueden ser:
  - Leer en voz alta exagerando las palabras.
  - Pronunciar muy lentamente las palabras, tomando registro de la articulación y el sonido de la voz.
  - Hablar pronunciando las vocales con la boca lo más abierta posible.
- **Ritmo**. Tiene que ver con las velocidades, la energía y el manejo de las pausas. Cada instante tiene su impronta y, a la vez, cada público también. Los matices que produce un presentador que consigue alternar diferentes ritmos enriquecen su ponencia. Este es un aspecto esencial para quienes consideran que tienen un tono monocorde.
- La **entonación** también es muy importante. Se refiere a los tonos con los que hablamos, sobre todo en los finales de frase u oración. Quienes entonan todo lo

que dicen de la misma forma y sin variaciones obtienen un tono monocorde que produce aburrimiento, tal como ocurre con la lectura en voz alta. Naturalmente, cuando hablamos tenemos muchos matices que no registramos y resulta muy útil aprender a identificarlos para tomarlos luego voluntariamente.

Algunos ejercicios útiles para entrenar el ritmo y la entonación pueden ser:

- Leer en voz alta y escucharse, grabarse y corregirse.
- Practicar la lectura en voz alta para superar la timidez de hacerlo.
- Tomar un texto (puede ser de la presentación o cualquier otro) y leerlo con diferentes intensidades. Primero más enérgico, luego suave, después normal y finalmente combinando todos esos tonos.
- Leer un texto en voz alta a diferentes velocidades. Primero lento, luego normal y después rápido. Finalmente, combinando todas las velocidades.*

- **Interpretación.** Interpretar es tomar el ritmo y la articulación para luego darles una intención y colocarlos al servicio de una actitud, una emoción. Cuando interpretamos un texto no necesariamente estamos fingiendo o actuando, lo que hacemos es impulsar lo que decimos para darle vida. Sin duda, lo hacemos naturalmente, cada uno con su estilo, pero cuando estamos ante una situación desafiante como la exposición en público, mucha de nuestra naturalidad queda guardada en algún lugar lejos del escenario. De ahí que sea tan importante conocer y aprender de nuestras formas naturales de hablar, para poder reproducirlas con naturalidad en estos escenarios. Podemos querer decirlo exacta-

---

* **Nota**: todas estas prácticas son con textos leídos, pero el propósito es entrenar diferentes formas de hablar para luego trasladarlas a los discursos que se den. Ello ocurre naturalmente a medida que se avanza con el ejercicio y la práctica.

mente igual que cuando lo hacemos relajadamente a una sola persona, pero al hacerlo ante quinientas, el efecto psicológico anula esa espontaneidad. Eso es precisamente lo que buscamos mitigar con todas estas prácticas e ideas.

Entonces, para interpretar y dar vida a lo que queremos decir, podemos empezar a observar cómo hablamos cuando estamos con diferentes emociones: enojados, inspirados, reflexivos, alegres, etc. A partir de allí, comienza el juego. Puede tomarse algún texto, sin importar su contenido, y leerlo en voz alta con diferentes emociones. Al principio se puede hacer de manera exagerada hasta ir ganando de a poco mayor soltura y naturalidad con la práctica.

Un factor muy poderoso en la interpretación está en las **pausas**. El maravilloso arte de manejar el silencio y dejar que diga todo aquello que las palabras no logran expresar. Quienes desarrollan maestría en esta disciplina logran generar climas muy intensos. Las pausas también contribuyen al manejo de la ansiedad, puesto que al hacer silencio se genera una conexión muy aguda con las mentes de los presentes. Puede haber muchos tipos y se pueden utilizar con variados fines. Una pausa puede generar misterio, por ejemplo cuando la hacemos antes de un adjetivo: "El encuentro con los líderes de la región de la semana pasada fue… (pausa) maravilloso". También puede generar tensión, como cuando la hacemos esperando que el auditorio se calle. Puede invitar a la reflexión, cuando se realiza luego de una idea fuerte, relevante o movilizadora. También es posible que produzca complicidad, cuando se la hace en medio de una ironía.

La gran compañera de la pausa es la mirada, ya que es la que dará verdadera intensidad a lo que ese silencio debe transmitir.

Por otro lado, las pausas traen oxígeno, no solo para la respiración de quien habla sino porque también le dan un espacio a la mente para procesar lo que se está diciendo. Por último, contribuyen a conectarse, como cuando se hace un breve silencio de dos segundos antes de empezar una charla al hacer contacto visual con la gente funciona para entablar ese primer contacto real. Lo mismo ocurre al final, cuando se realiza un pequeño silencio antes de decir, "muchas gracias" o pronunciar la frase de cierre. En cualquiera de sus formas, siempre será una herramienta poderosa para crear experiencias de toda índole.

En la parte Anexos contamos con la asistencia de la fonoaudióloga, coach y artista Jenny Davaroff, quien presenta un excelente artículo con mucha información y técnicas para el correcto manejo de la voz.

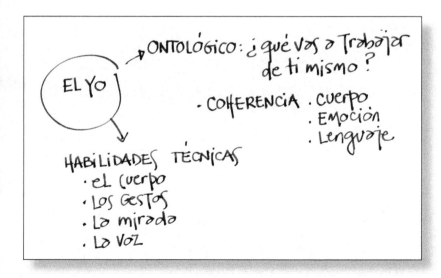

CAPÍTULO 7

ESTAR PRESENTES
PARA UNA ORATORIA CONSCIENTE

Nuestra mente va y viene del futuro al pasado, ida y vuelta, sin darnos cuenta. A veces, nos quedamos tanto tiempo en uno u otro lugar que perdemos la noción de todo lo que ocurre a nuestro alrededor. Esto, en una presentación puede ser fatal, puesto que si nuestra mente está centrada en lo que tenemos que decir (el futuro) y lo que olvidamos comentar, o el error que cometimos (en el pasado), permaneceremos ausentes de lo que le ocurre a nuestra audiencia en el presente. En una presentación, no hay otro lugar para estar que en el ahora, al igual que en tantos otros momentos de la vida.

Remarcamos una y otra vez los beneficios y la importancia de ser conscientes y expandir nuestra consciencia. Por ello, vamos a trabajar eso tomando como punto de partida la idea de que nuestra capacidad de **consciencia** está ligada a nuestra capacidad para estar **presentes**. Dijimos que consciencia tiene que ver con registro. Y de todos los registros posibles, el más poderoso es el del presente, ya que es el único ámbito donde podemos intervenir. En ese sentido, podemos notar que consciencia del pasado se convierte en recuerdo y nos brinda información acerca de lo acontecido; en tanto que la consciencia del futuro se convierte en anticipación y nos ofrece un espacio para plantear estrategias. Pero la acción directa solo ocurre en el presente. La pregunta entonces es: ¿cómo hacemos para ampliar nuestro registro y lograr así mayor presencia en cualquiera de los cuatro dominios (contenido, forma, contexto y Yo)? Tal como mencionamos, estar presentes significa estar aquí, en el ahora. Implica evitar las distracciones propias de las ideas del pasado y del futuro. Nuestra mente puede volar rápidamente hacia allí. Nuestro cuerpo respira en este momento, pero nuestra mente puede sentir el recuerdo de un pasado sombrío o la angustia ante un futuro incierto. Sin embargo, el aire que respiramos esta aquí, ahora. Estar presentes significa tomar registro de lo que ocurre en este preciso y único instante.

La presencia y las formas de ausencia en cada dimensión de la consciencia

Así como estoy consciente del **contenido**, puedo estar al mismo tiempo pensando en el pasado de ese contenido; en cuánto debería haber aprendido o haberme informado y no lo hice. O puedo estar sosteniendo en simultáneo un diálogo mental con algún participante que dijo o hizo algo antes. También puedo estar con mi mente en el futuro del contenido, preguntándome qué pasaría si alguien me preguntara algo que no sé, o cómo puedo resolver de manera más efectiva algún aspecto de un tema que está por darse, etc. Si bien estos son temas que necesitan atención y ocupan una parte de nuestra mente, lo importante es que no ocupen todo el espacio, ya que de otra forma perdemos la conexión con lo que está ocurriendo mientras tanto. Pasado y futuro son importantes, pero no determinantes. Si estamos ausentes a lo que ocurre en la sala por estar pensando anticipadamente el final que le daremos a la charla, entonces nos encontraremos expuestos a muchos de los vicios propios de los oradores ausentes: podremos caer en la monotonía de expresión, en la repetición constante de palabras e ideas o en el distanciamento de uno mismo y de la gente.

En cambio, estar presentes en la dimensión del contenido es aceptar lo que ya se sabe y validar ese conocimiento como suficiente para lo que se desea compartir. También implica aceptar la posibilidad de que tal vez alguien cuestione una idea o formule una pregunta sobre un aspecto no considerado antes y sentirnos expuestos o ridículos. Simplemente se puede responder con humildad diciendo "no lo sé". Estar presentes en esta dimensión es reproducir las ideas de manera fluida y espontánea. Como si mentalmente hubiera un texto que nos susurraran al oído para que lo reproduzcamos literalmente, al igual que lo hacen los traductores en simultáneo. Escuchan en un idioma y reproducen verbalmente en otro casi en el mismo momento. Por lo general funciona así cuando estamos seguros de lo que sabemos, con independencia de su extensión o volumen. No es solo cuestión de saber lo suficiente, sino de estar en paz con lo que se sabe (aunque sea insuficiente) para poder mantener la calma y brindar lo mejor de nosotros al momento de exponer.

En relación con la **forma**, mi mente puede estar en el futuro cuando pienso en algún recurso o idea que voy a decir después de lo que estoy haciendo. Mi mente está especulando cómo mejorar una situación que tal vez me resulta insatisfactoria. O puede estar en el pasado, cuando me quedo dialogando conmigo mismo, mientras sigo dando mi charla, sobre lo mal que hice un ejercicio o esa falla cometida al indicar una consigna.

Estar presentes en la dimensión de la forma, es aceptar y hasta perdonarnos los errores o las omisiones del pasado. Eventualmente, reformular o reparar esos errores pero sin una carga de culpa adicional, sino desde el compromiso con hacer que la presentación cumpla su objetivo. Implica entonces tomar cada uno de los recursos disponibles y entregarlos como una ofrenda a la gente para que las ideas que se presentan mediante ellos resulten claras y valiosas. Es como la labor del artesano que moldea la arcilla con sus manos y hace de ella una obra de arte a partir de una masa sin forma.

En cuanto al contexto, la mente se va al pasado al observar por ejemplo que alguien bostezó y reconocemos que esto ya nos pasó antes y recordamos las reacciones que nos ocasionó en su momento. Si lo proyectamos al futuro, podemos imaginar al público que bosteza y se duerme en los próximos minutos, como anestesiados por un gas somnífero. Estamos invitando inconscientemente a que la ansiedad y el miedo se adueñen de nuestro sistema.

Estar presentes en el contexto es reconocer en ese bostezo lo que ocurre ahora, y no distraerse con el recuerdo de todos los bostezos presenciados en el pasado. Lo que buscaremos es desarrollar la capacidad para lograr en la sala esa mirada atenta de quienes reciben las ideas que presentamos. Se trata de tomar registro de lo que fuere que ocurra y actuar según lo que observamos. No alcanza con mirar fijamente e interrumpir el bostezo de quien lo hace, como atravesándolo con un láser, sino con reconocer lo que ocurre y primero aceptarlo con calma antes de reaccionar. Es como disponer de un termómetro emocional. Se percibe en el ambiente. Como un disk jockey que interpreta lo que ocurre en la pista de baile y elige la música adecuada según la reacción de la gente. Requiere aprender a observar los gestos, las miradas, la corporalidad del grupo en su conjunto. No de una o dos personas, sino de todos los presentes. A partir de allí, entonces decidir si será mejor subir el tono, cambiar el ritmo o realizar alguna interacción con la gente.

En relación con el Yo, perdemos presencia del aquí y ahora viajando al pasado, por ejemplo, al plantearnos: "Ay, no estuve bien, no me vi bien, quedé mal al decir tal cosa, siempre igual, toda mi vida fue así, no sé por qué me metí en esto, nunca me gustó", etc. En el futuro, sería pensar: "¿Cómo hago para salir de este aprieto?" o "No me van a dejar hacer mi trabajo, siempre me pasa lo mismo, nunca voy a aprender, nunca lo podré hacer bien, me van a quemar en la hoguera y se van a reír de mí, de mis hijos, de mis nietos y de su descendencia, nunca más volveré a sonreír, seré un infeliz toda la vida", etc.

Estar presentes en el Yo, es recordar que este momento es todo lo que hay y es lo mejor que puede haber porque si no sería de otra forma. Entonces podemos impulsar este precioso y único momento con toda la intención para dar lo mejor de nosotros. Es como sentir el propio latido del corazón y al mismo tiempo, no darle atención. Sentir los huesos, la piel y el alma al servicio de la idea que se está presentando, del valor buscado, pero con el foco en lo importante que es y sigue siendo la experiencia con los otros.

Entonces...

Cuando estamos conscientes y bien conectados con el momento presente, los recursos, las ideas, las soluciones aparecen espontáneamente. La mente, el cuerpo y el corazón están relajados, atentos y alineados. El resultado de las conexiones posibles cuando estamos en este estado es lo que generalmente llamamos *insight*, epifanía, momento Eureka. Estos momentos son muy simples por naturaleza. Una epifanía puede ser simplemente la aparición de la creatividad para encontrar una respuesta novedosa ante un imprevisto. Sin buscarla, simplemente aparece. Junto con la **presencia** también aparece la inspiración, puesto que las ideas que fluyen a partir de las conexiones que podemos hacer al abrir nuestro campo sensorial nos seducen y nos llevan a seguir abriendo nuevos caminos. Es cuando en lugar de hablar "somos hablados". Nos sorprendemos del modo en que fluyen las ideas, las palabras y los ejemplos.

Ser conscientes es entonces **recuperar la conexión con en el presente**. Para ello, nos resultará útil desarrollar habilidades para estar presentes, en cualquiera de estas dimensiones de consciencia.

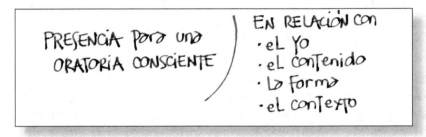

PRESENCIA para una ORATORIA CONSCIENTE

EN RELACIÓN con
- el Yo
- el Contenido
- La Forma
- el Contexto

Cómo lograr presencia en cada dimensión de consciencia

Presencia en relación con el Yo

Creo que esta es la dimensión primaria que, como un efecto dominó, va a permitir conectarse luego con las otras tres. El budismo propone a partir de sus cuatro nobles verdades que aquello que nos gusta genera **deseo** y lo que no nos gusta produce **aversión**. Por deseo o por rechazo, generamos **apego,** y ello nos quita de nuestro aquí y ahora, perdiendo el equilibrio y generando lo que denomina **ignorancia** (al perder el contacto con las sensaciones del momento); y de allí la gran base del **sufrimiento** que experimentamos. La llave para ampliar nuestra consciencia, nuestro registro, será entonces poder estar en el aquí y ahora con una "observación **ecuánime**", que significa estar atentos a lo que ocurre sin juzgar ni evaluar, ya sea positiva o negativamente, como un médico que ausculta a su paciente; simplemente observa sin ningún preconcepto mental o emocional.

Para ampliar nuestra consciencia, entonces buscamos una noción o experiencia del aquí y ahora tomando como marco de referencia nuestra experiencia de la realidad; esto es, aquello que nos llega a través de las ventanas de nuestros cinco sentidos. Si perdemos la conexión con esta experiencia de la realidad, nuestra mente vuela al pasado o al futuro generando aversión o deseo. Esta es la fuente de nuestro sufrimiento y desdicha, que surge en nuestra mente cuando está en constante agitación, deseando o rechazando. De allí la necesidad de limpiar la mente de todas las impurezas que producen estos movimientos constantes de ignorancia y desdicha. Esta mente ecuánime se entrena desarrollando la atención. La mente es muy volátil, salta de un pensamiento a otro. Se vuelve escurridiza. Cuanto más se entrene la atención, mayor grado de serenidad podrá obtenerse, puesto que serán menores los estados de alteración a los que nos exponemos.

Existen muchísimas técnicas para trabajar la consciencia en el presente. Una de las técnicas más simples de meditación, pero a la vez más poderosas, tiene que ver con conectarse con la respiración. Es importante no forzarla y seguir su ritmo, ya sea lento o agitado. Hay que poner toda la atención en observarla. No hay que modificarla, sino simplemente advertir su fluir tal como es. Observar la inhalación y la exhalación. Al hacerlo, la mente se va agudizando y entrenando para sostener cada vez más un mayor estado de atención. A diferencia de otras técnicas, no haremos ninguna visualización ni verbalización. No hay palabras, ni frases, ni imaginación. Nuestra mente tiene que estar cien por ciento presente con la respiración tal como es.

Al principio seguramente nos desconcentraremos muy seguido con pensamientos intrusos o malestares físicos. A la mente no le gusta que traten de manejarla. Es muy caprichosa y va a buscar todas las formas para distraernos. De a poco, con la práctica, vamos a lograr mantener la atención exclusivamente en la respiración por más tiempo. Atentos a las sensaciones solo del aire que entra y que sale. Primero serán unos segundos, luego unos minutos, y así hasta que de a poco se ganará en precisión y seguridad. Con esta técnica nuestra mente va a ir reduciendo su "ruido" interno y de a poco se logrará una mejor experiencia del aquí y ahora. Es importante estar atento a posibles confusiones ya que el "ruido" que hay en la mente es engañoso. Podemos creer que al viajar con la mente del pasado al futuro nos mantenemos activos, haciendo muchas cosas a la vez, pero en realidad estamos haciendo poco en cuanto a nuestra experiencia vital del momento.

Con el tiempo puede ampliarse la experiencia a períodos de práctica mayores. Se puede empezar con cinco minutos e ir extendiéndolo hasta llegar a una hora, o más. La consigna es mantener el cuerpo inmóvil pero relajado y permanecer calmos ante cualquier tipo de situación. No hace falta silencio (aunque es muy bueno, sobre todo al inicio) ni colocarse auriculares, ni prender un sahumerio. Tampoco necesariamente aislarse en una montaña, al menos en esta etapa del entrenamiento. Este tipo de ejercicios puede realizarse en el subte, en la fila del banco, prácticamente en cualquier ámbito.

Para ir más profundo en estas técnicas siempre es recomendable el acompañamiento de un guía o maestro. A veces es bueno buscar otros aprendices que se reúnan para practicar y pasar unos minutos juntos, observando ecuánimemente la respiración tal como es.

Hay otras técnicas que ayudan a desarrollar y expandir el grado de presencia y al mismo tiempo expandir la consciencia. En todas ellas, las claves son la perseverancia y la paciencia. Los resultados no llegan de un día para el otro. Lo hacen, por supuesto, pero con el tiempo.

Otra opción es realizar una acción a la mínima velocidad posible. Hay muchas cosas que se pueden hacer. Los monjes tibetanos consiguen pasar largos períodos de tiempo para pintar un cuadro, por ejemplo, trabajando minuciosamente en pequeñísimos detalles. No necesitamos comenzar con algo tan exigente, pero hay cosas cotidianas con las que podemos practicar. Por ejemplo, la acción de masticar. Tomar un bocado y masticarlo lentamente. Muchas veces, como ejercicio, propongo masticar una pasa de uva, a ver cuánto tiempo se puede estar haciéndolo lentamente y en silencio. Toda la atención puesta en ese proceso, en los maxilares, la lengua, la boca. Cada vez más despacio, buscando la menor velocidad posible. En ocasiones hemos estado hasta veinte minutos comiendo una pequeña pasa de uva.

Otro ejemplo es: sentados, llevar la palma de la mano desde el regazo hasta la punta de la nariz lo más lento que se pueda. De forma automática haríamos esto en menos de un segundo, pero aquí buscaremos hacerlo en un minuto o más. ¿Qué tiene de particular la experiencia de llevar la mano desde el regazo hasta la nariz demorando cinco, diez o quince minutos, poniendo el cien por ciento de nuestra atención en ello? Cualquier acción realizada muy lentamente va a aumentar de forma proporcional el grado de atención, presencia y consciencia. Cuanto más tiempo podamos sostener una acción al mínimo de velocidad, mayor será el resultado que obtendremos y mayores los beneficios. Lleva tiempo, pero con perseverancia y paciencia siempre hay resultados.

Otra posibilidad es realizar una acción lentamente y además con los máximos detalles, como un artesano que hace miniaturas. Por ejemplo, podemos escribir nuestro nombre en un papel, no solamente a la mínima velocidad, sino prestando atención a cada instancia del trazo, sintiendo la presión de la pluma sobre el papel y percibiendo la textura de la superficie a medida que escribimos. También es posible emplear esta técnica con cualquier tarea doméstica, como cocinar, limpiar u ordenar. Lo que buscamos es aislarnos de todo lo demás y llevar a cabo la tarea con un máximo de excelencia y dedicación.

Un derivado de las anteriores técnicas es observar los mínimos detalles de una acción. Por ejemplo, observar en el cielo el desplazamiento de una nube o el movimiento de la copa de un árbol mecida por el viento. Luego, el siguiente nivel de esta técnica consiste en observar algo estático, como una piedra en una montaña y detenerse en sus detalles. Esto ayuda a agudizar la mente. También podemos observar la palma de nuestra mano, los dedos, las curvas que se dibujan en la piel, los detalles de las huellas digitales, las sombras que se proyectan. A medida que se observa aparecerán nuevos y mayores niveles de detalle, que al principio parecían triviales. Cuanto más tiempo se logre sostener la observación, mayor será el grado de detalle que se pueda percibir y, por lo tanto, se logrará un mayor registro, una consciencia ampliada.

Estas técnicas poseen además un beneficio asociado, ya que todas ellas reducen el nivel de "ruido" de la mente. Una de las tareas más difíciles hoy en día es callar el ruido incesante de la mente. Constantemente estamos expuestos a estímulos ruidosos de la calle, la radio, la TV, sobre todo en las grandes ciudades. Pero, de todos ellos, los peores son los internos. Porque son inconscientes y autocondescendientes. La falta de consciencia de ellos redunda en un círculo vicioso de constante ansiedad, insatisfacción y frustración.

Cuando logramos reducir el nivel de "ruido" mental, percibimos lo que ocurre a nuestro alrededor con mayor detalle e intensidad, lo que nos permite fluir con más naturalidad ya que podemos advertir otros recursos que antes no estaban disponibles. En ese estadio se desvanecen ansiedades relacionadas con el futuro y se disuelven melancolías, relacionadas con el pasado. Lo curioso de todo ello es que aquí hablamos de realizar presentaciones ágiles, pero al mismo tiempo buscamos esa paz mental que nos da el silencio. He ahí otra de las claves. Esto que planteamos no es contradictorio, sino sinérgico. Disminuir el "ruido" mental agiliza nuestra mente porque se hace mucho más aguda y sensitiva. Ágil no significa ruidoso ni veloz. La lentitud del entrenamiento mental contribuirá a la agilidad en el momento de la acción. Ello implica inexorablemente disminuir o hasta eliminar el "ruido" mental para acrecentar la presencia que impactará en la fluidez de lo que hacemos. Muchos deportistas de alto rendimiento están expuestos a grandes esfuerzos y tensiones físicas, pero su mente debe estar serena para poder actuar con gran destreza y velocidad.

Presencia en relación con el contenido

Un consejo. Otro entre tantos: ¡noviar con el tema! Cuando estamos en pareja con alguien deseamos pasar tiempo con esa persona. Queremos hacer salidas, compartir momentos, disfrutar. Para estar presentes con respecto al contenido, tal como en una relación afectiva, debemos pasar tiempo con el tema. Llevarlo con nosotros durante algún tiempo, como una prenda de vestir. Dejar que las ideas decanten y se acomoden en nuestro sistema. Al igual que con una relación, en la medida en que pasamos tiempo con el tema, lo conocemos, nos enojamos, sentimos dudas y temores. Cuando todo eso se integra, aprendemos entonces a aceptar, tomar lo bueno y agradecer lo que recibimos. Tal vez no se disponga del tiempo suficiente para lograr todo ello. Con las relaciones afectivas pasa lo mismo; no siempre estamos dispuestos a esperar el tiempo necesario para conseguirlo. Muchas relaciones se interrumpen precisamente por este factor. Por eso, el noviazgo con el tema debe sustentarse a la vez en un trabajo con uno mismo, ya que, al igual que en las relaciones, si no trabajamos con nosotros, depositaremos en el otro toda la carga de nuestras carencias e incompletudes. Caramba, ¡qué coincidencia!, ¿verdad? Entonces, tal vez la mejor propuesta sea trabajar con ese Yo mientras nos relacionamos con el tema para no esperar a cambio lo que hoy no está disponible; solo compartir el tiempo para encontrar en la experiencia lo que suma; quitar, negociar o aceptar lo que no suma y aprovechar todo para que el resultado total sea un reflejo de lo mejor de nosotros. Por último, al igual que en una relación, si notamos que, a pesar de los buenos intentos y esfuerzos, percibimos contradicciones de fondo que hacen incompatible el avance del vínculo, entonces será el momento de decir adiós; con cuidado y respeto por el otro, aceptando los costos y dispuestos a seguir adelante en nuestro camino.

Por ello, nuestra relación con el contenido debe ser honesta y en integridad, ya que a partir de nuestra propia experiencia será como podremos lograr una resonancia en los otros. Al mismo tiempo, sin importar cuánto volumen de contenido manejemos (aunque bien sabemos que cuanto más, mejor), lo importante es que el vínculo con el tema sea sólido y robusto. Eso nos dará mayor confianza, seguridad y precisión.

Presencia en relación con la forma

La práctica hace al maestro. En las artes marciales, se practica un mismo movimiento innumerables veces, hasta que queda incorporado naturalmente al sistema. Movimientos de defensa y ataque están naturalizados para que sean automáticos y no dependan de la razón. Cuanto mayor dominio del cuerpo, formas y movimientos se adquiera, más fluida, armónica y precisa será esa acción. Por eso es importante, ante una presentación, ensayar diferentes formas de decirla. Probar expresarla frente a diferentes públicos. Pronunciarla de distintas maneras. Practicar los recursos que se emplearán. Hasta que la sintamos dentro de nosotros y logremos expresarnos como quien mueve uno de sus brazos.

Lo hacemos con naturalidad porque está incorporado en nuestro esquema. Es como disfrutar en el paladar la experiencia de masticar un delicioso caramelo. Presentes en el modo en que lo masticamos y en la experiencia de su sabor.

A veces, algunos oradores buscan imitar a quienes admiran para parecerse a ellos. Es una buena estrategia para principiantes, pero muchas veces está desvirtuada. No es preciso imitar a otra persona, sino tomar sus atributos y luego hacerlos propios.

No obstante, aquí proponemos imitarnos a nosotros mismos, porque este tipo de trabajo puede resultar muy productivo si buscamos aquello que queremos transmitir pero con nuestra personalidad y tomar los momentos en que expresamos esas cualidades para trasladarlas a nuestro modo de presentar. Esto es: identificar y reconocer nuestra forma natural para decir ciertas cosas que consideramos positivas de nosotros mismos. Luego repetir y ensayar esas formas hasta que nuevamente resulten naturales en este nuevo contexto. Es como imitar nuestra espontaneidad. Al principio resulta extraño e incluso incómodo. Como tener puesto un suéter de lana gruesa bajo el sol de un día de verano. Con la práctica, esa incomodidad irá cediendo para dar lugar a un mayor grado de docilidad y presencia que permitirán jugar mejor con los diferentes matices propios. El gran secreto es practicar, practicar, practicar.

Presencia en relación con el contexto

En la presencia del Yo logramos presencia al tomar registro de nuestra experiencia interior. Ahora, el contexto personal se refiere a ese Yo pero en relación con la presentación. Ambas dimensiones están íntimamente asociadas.

Para trabajar con el contexto personal podemos observar nuestros pensamientos y sensaciones corporales, así como también nuestras emociones.

Antes de comenzar una presentación resulta útil hacer lo que se denomina "centrado". Esto es, recuperar un estado de equilibrio completo donde los pensamientos rumiantes no distraigan tanto. Los ejercicios de respiración antes mencionados contribuyen muy favorablemente para el centrado. También se puede completar con ejercicios de observación corporal. Por ejemplo, sentarse en posición relajada y observar con el ojo de la mente las diferentes partes del cuerpo desde los pies hasta la cabeza, como si fuera un escáner. Como un barrido, desde los pies, huesos, músculos y la piel misma. Una vez logrado eso, podemos empezar a trabajar la presencia en relación con el contexto personal sobre la ponencia e imaginarnos dando la presentación y transitando mentalmente cada etapa con su emocionalidad correspondiente. Imaginar en el presente cada momento, como ese caramelo delicioso que disfrutamos, viéndonos en nuestro mejor nivel. Esto nos permitirá incrementar la sensibilidad de todo nuestro sistema y al mismo tiempo nos hará más flexibles, puesto que al conectarnos con nosotros mismos obtenemos mayor seguridad. Es importante recordar aquí que la paciencia es clave para el éxito en todas estas actividades. Un buen maestro o guía siempre contribuirá positivamente a que este tipo de ejercicios logre sus objetivos.

En relación con el contexto ambiental, durante la presentación puede servir de mucha ayuda imaginar que cualquier reacción de la gente resultará de lo que pase allí y nada más que eso. Ver solo la reacción en ese momento sin sumar la innecesaria carga de nuestra propia historia. Entonces, podemos estar presentes con respecto al contexto observando el lenguaje no verbal de la sala. También podemos hacer preguntas al público para consultarlo acerca de cómo están, cómo les resultan las ideas que se están presentando o qué opinan sobre algo de lo expuesto hasta allí.

Incluso, si observamos dispersión o desinterés, podemos chequear si lo que percibimos es cierto o estamos imaginando cosas. Muchas veces no sabemos con certeza qué le pasa a la gente. A veces podemos tener la sensación de que se están aburriendo cuando en realidad están muy concentrados en el tema. Y viceversa. Estar presentes con respecto al contexto ambiental es buscar la mejor interpretación posible ante eventuales dificultades técnicas, de logística o de la audiencia en un momento dado y estar atentos para dar la mejor respuesta.

CAPÍTULO 8

ESCENAS TAN TEMIDAS...

Acceda al video mediante este QR
https://youtu.be/YPsxPb7sSa0

El pánico escénico

El miedo es una emoción, una respuesta fisiológica del organismo ante una situación que representa una amenaza para nosotros. El pánico es la expresión más intensa del miedo, aquello que genera reacciones extremas como la ansiedad, la parálisis o la desesperación.

Cuando hablamos de pánico escénico nos referimos al temor de presentarnos frente a un público que nos observa y que, creemos que nos juzgará negativamente. Por eso, la experiencia de hablar en público tiene la particularidad de ofrecernos información de primera mano en tiempo real y a veces con cierta crudeza acerca de cuáles son nuestros miedos más profundos. Cuando hablamos en público hacemos mucho más que eso. Nos exponemos a la mirada del otro, dejamos ver nuestras partes más luminosas y más sombrías al mismo tiempo. Nos ponemos en evidencia. Es como estar bajo una gran lupa, todo se ve amplificado. ¿Cómo no sentir miedo ante tamaño desafío?

Sin embargo, desde una Oratoria Consciente sugerimos este desafío como una oportunidad fascinante para trabajar con nosotros mismos. Nos proponemos pulir nuestro diamante. Por eso creo que, desde esta perspectiva, es muy bueno poder tomar contacto con nuestros miedos para transitarlos y luego trascenderlos. Siempre resulta positivo mirar de frente algunas de las cosas que nos frenan, nos confunden y nos impiden lograr conexiones poderosas con los otros. Este es un atajo interesante para conseguirlo.

Es importante destacar en este punto que ninguna de estas propuestas debe reemplazar un trabajo más profundo o hasta una terapia en caso de ser necesario. No es posible resolver ataques de pánico o miedos asociados con traumas del pasado sin una asistencia profesional. Aunque este proceso de Oratoria Consciente pueda tener efectos benéficos, no pretende bajo ningún concepto reemplazar un proceso terapéutico. La Oratoria Consciente no está para resolver, curar ni arreglar a las personas. Su propósito es que aprendamos, crezcamos, nos transformemos.

Nuevamente en este punto una de las preguntas clave para el orador es: ¿qué costados personales deseamos trabajar? Los miedos nos permiten dar un salto hacia algo más amplio que nos mueve de nuestra zona de confort. Ellos nos colocan en una zona de incomodidad que brinda mucha información acerca de cuestiones personales sobre las que se puede trabajar.

Para poder trascender algunos de estos miedos trataremos primero de comprenderlos. Dijimos que el miedo es una emoción y como tal es un tipo de respuesta ante algo que percibimos como una amenaza. Se trata de una respuesta automática codificada en nuestro cerebro en su faceta más primitiva, el llamado cerebro reptiliano, que proviene evolutivamente de nuestros ancestros, los reptiles. El miedo está asociado a la búsqueda de la supervivencia. Hoy, la amenaza no está representada por el riesgo de ser atacados por un animal salvaje, pero el mecanismo en nuestro cerebro es el mismo.

Así, al momento de hablar en público, por tratarse de una experiencia desafiante sentimos en mayor o menor medida una cantidad de miedos típicos que activan nuestras alertas: miedo a olvidarnos de lo que tenemos que decir, a no saber cómo responder ante un imprevisto o a quedar en ridículo y que se rían de nosotros. También puede ser miedo a que la gente se aburra; a que les parezca superficial, demasiado profundo o complicado. Miedo a resultar muy serios o graciosos. Miedos a sonar excesivamente estructurados o caóticos. Demasiado torpes, demasiado inquietos, demasiado exultantes o demasiado monótonos y una extensa lista de "demasiados"...

Si observamos un poco más en profundidad, podremos reconocer algunas creencias que determinan de alguna forma lo que es posible para nosotros. Esas creencias son como los hilos de una marioneta que establecen qué movimientos haremos y cuáles no.

Las creencias surgen de conclusiones que extraemos a partir de un conjunto de juicios que hacemos sobre determinadas situaciones de nuestra vida. Son invisibles y muchas veces muy difíciles de reconocer. Por ejemplo, puedo tener la creencia de que los hombres no lloran porque tengo el juicio de que llorar es malo o que es un signo de debilidad. Entonces, al momento de emocionarme es altamente probable que reprima la expresión del llanto y coloque toda esa tensión en alguna parte del cuerpo, por ejemplo, la garganta. La acción de reprimir la expresión de ese llanto es la manifestación de la creencia que asocia el llanto con debilidad, fragilidad. Es un mensaje silencioso que nos dice: "No lo expreses, que no te vean así, eso no es bueno".

Sin embargo, otra persona puede creer algo totalmente diferente. Lo curioso es que vivimos esta creencia como si fuera una verdad. Desde esta perspectiva, es probable que sintamos que si alguien observa algo diferente está equivocado. Las verdades no cambian, las creencias sí, y para ello es fundamental aprender a reconocerlas e identificar sus efectos para luego poder trascenderlas. Por ejemplo, si tomamos la expresión de una emoción como vulnerabilidad en lugar de fragilidad, notaremos que esa vulnerabilidad es condición humana y en ella radica nuestro poder. Nada tiene que ver con la debilidad. Por el contrario, es una fortaleza. Así, cuando nos permitimos expresar nuestras emociones estamos en realidad siendo valientes y en eso radica la fortaleza que permite transitarlas y transformarlas más rápido. Ganamos tiempo, obtenemos mayor poder personal.

Ahora bien, expresar nuestras emociones no necesariamente significa tener ciertas reacciones en cualquier momento y lugar. Romper en llanto y a los gritos en medio de una ponencia quizás no sería una acción productiva. Manejar con madurez las emociones y moderar de alguna forma las reacciones, sin reprimir lo que se siente, podría ser una buena alternativa para trascender esta creencia de base. Llorar no sería malo; el riesgo es que como oradores la emoción no debe quitarnos del foco más importante que es la experiencia del otro. Nuestras emociones deben contribuir (aunque se trate del llanto) y no al revés.

Repasemos algunas de las típicas creencias de fondo que pueden habitar en la mente de un orador; o sea, los mandatos invisibles que manejan el comportamiento al momento de hablar en público: "tengo que verme bien, tengo que agradar, no puedo fallar, tengo que saber (todo)" y muchos otros más que desarrollaremos aquí.

El miedo es el desencadenante, la respuesta, la reacción ante una o varias de estas creencias. En el plano físico, el miedo nos produce taquicardia, temblor en la garganta, en las extremidades o en la voz. Podemos sentir que nos falta el aire, que nuestras ideas se vuelven difusas o que repentinamente se desvanecen, nos sentimos perdidos y confundidos al mismo tiempo.

Muchas veces nos repetimos una y otra vez las mismas cosas. Para abordar el pánico escénico podemos hacerlo desde dos perspectivas diferentes. La primera, aprender técnicas y estrategias que nos permitan realizar acciones para resolverlo. Por ejemplo, una buena preparación y un entrenamiento previo. Es indudable que eso nos permitirá estar tranquilos y más confiados, y así lograr fluidez para poder movernos y danzar en el momento de la presentación. Esto se logra cuando estamos seguros de lo que vamos a decir, de cómo lo vamos a hacer y de lo que queremos crear. Por eso, preparar y ensayar la presentación es tan importante. La práctica reduce el miedo a fallar.

También puede ser muy importante trabajar en profundidad los primeros minutos, preparándolos y practicándolos con mucha precisión y recurrencia, ya que son decisivos en muchos sentidos. Si comenzamos bien nos sentimos más seguros y confiados, al mismo tiempo que generamos una buena impresión en la audiencia ganando su atención y buena disposición. Algunos oradores a veces hacen explícito su nerviosismo y comparten esto con el público. Simplemente dicen: "Estoy muy nervioso, pero daré lo mejor de mí". Esta es una estrategia que suele relajar a muchos.

Otra solución posible es tener preparada para los primeros minutos de la presentación una actividad en la que el público participe de alguna manera, se mueva o realice alguna acción apenas concluida una breve introducción. Esta dinámica debe ser lo bastante sencilla y amigable como para romper el hielo, por ejemplo, formular preguntas que inviten a levantar la mano o proponer una consigna para realizar algún intercambio con la persona que cada uno tiene al lado. Preguntas del tipo: "¿A quiénes de ustedes les pasó alguna vez que...?" o "¿quiénes de ustedes saben de...?" o "¿quiénes alguna vez se vieron envueltos en tal o cual circunstancia?". Esto nos permite observar y conectarnos con el contexto de una manera mucho más fácil.

Al trabajar con las técnicas, las habilidades personales y en la adquisición de los recursos necesarios, gran parte del miedo probablemente desaparecerá. Sin embargo, muchas veces a pesar de estar muy bien preparados y predispuestos el miedo puede triunfar y continuamos sintiéndonos incómodos e inseguros. Necesitamos entonces otra perspectiva para trascenderlo. La segunda perspectiva que proponemos para abordar el pánico escénico se relaciona con lo que los coaches llamamos "aprendizaje de segundo orden". Esta teoría surge de los estudios presentados por Chris Argyris[1], quien planteó el concepto de "aprendizaje de segundo lazo (*double loop learning*) que se diferencia del aprendizaje de tipo técnico precisamente por observar lo que hay detrás (o en el fondo) de las acciones. Utiliza para ello la metáfora de un termostato en un hogar que enciende la calefacción cuando hace frío o se apaga cuando hace calor. Lo que hace ese termostato es medir la temperatura del ambiente y accionarse, por ejemplo, cuando esta baja de los 24 grados centígrados. Es la acción preestablecida ante una situación dada. De igual forma reaccionamos las personas frente a diferentes condiciones. Ante una determinada circunstancia, modificamos las acciones o buscamos los recursos que nos permitan lograr lo que deseamos. El autor denomina a esto "aprendizaje de lazo simple" o "de primer orden" (*single loop*). Ahora bien, desde esta óptica no siempre nos preguntamos por qué colocamos el termostato a esa temperatura o si hay alguna otra forma de conseguir el clima que necesitamos. Eso pertenece al terreno de un aprendizaje diferente que observa las creencias y los modelos mentales que se encuentran detrás de las acciones concretas. Este es el terreno de esta segunda pers-

---

1. Argyris, C.: "Double Loop Learning in Organizations", *Harvard Business Review*, Sept. 1977.

pectiva que, llevada al terreno del tratamiento de los miedos, implicaría revisar (al igual que con la temperatura y el termostato) las posibles creencias del trasfondo. Por ejemplo, la noción detrás de muchos de nuestros miedos de que "nunca es suficiente" es el perfeccionismo que habla a través de nosotros. Confundimos excelencia con perfección y eso genera mucho sufrimiento, mucha desdicha. Son esos estándares imposibles los que determinan gran parte de nuestra inseguridad. Otra creencia de fondo es "yo nunca seré suficiente". Es más severa aún, ya que el mandato aquí es la propia desvalorización. Es una voz perversa que anula todo lo bueno que podemos hacer y observa solo lo malo de nosotros y desvía nuestra atención, generando torpeza y haciéndonos temerosos ante cualquier circunstancia que nos desafíe. Nos genera esa sensación de sentirnos inadecuados.

Por esa razón, a partir de buscar un aprendizaje de segundo orden podemos abordar el pánico escénico mirando hacia adentro. El miedo nos pone en estado de alerta. Ese estado surge de nuestros estándares (el termostato de Argyris). Así, una persona sumamente perfeccionista puede experimentar miedo al creer que solo una presentación sin el más mínimo error resultaría efectiva. Lo que podemos hacer entonces es revisar y regular nuestra "vara de medir" para relajar esos condicionamientos previos. ¿Qué tal si en vez de proponernos ser perfectos nos proponemos ser efectivos? ¿Y si, por ejemplo, nos permitimos pensar que el error puede ser parte de nuestra presentación y consideramos la posibilidad de incorporar a la presentación, con serenidad, cualquier falla posible? Tal vez hasta podamos experimentar un error como un algo inesperado y tomarlo con humor, de una manera muy humana que nos acerque más al público. La autenticidad es el motor de toda conexión y la confianza es su combustible.

En cuanto al contenido de nuestra presentación, es muy frecuente tener estándares muy altos en relación con el conocimiento que consideramos necesario sobre un tema específico. Muchas personas se sienten inseguras al creer que alguien del público puede saber más que ellos. Obviamente, toda presentación es un recorte de contenidos mucho más amplios. No podemos aspirar a ser la persona que más sepa en el universo acerca del tema que estamos presentando, pero sí podemos aspirar a tener pleno conocimiento de aquello que hemos preparado. Por eso, como bien señala mi colega y amiga Paula Estrada,[2] siempre es bueno que cada presentador domine su propio "metro cuadrado de conocimiento". No importa cuántas hectáreas existan en el universo acerca del tema en cuestión; es más importante manejar con calidad, precisión y aplomo el terreno propio. Muchos se relajan notoriamente cuando consideran más relevante disponer de un cierto volumen de conocimientos en excelencia que una enorme cantidad de información superficial. Siempre habrá quienes sepan mucho más que nosotros sobre un tema. Sin embargo, lo relevante es qué tan bien nosotros manejamos aquello que sí sabemos. Es más importante saber bien que saber mucho.

Otra dificultad similar a la de los estándares imposibles es la de los prejuicios. Algunas personas suelen experimentar un gran pánico escénico ya que temen ser juzgadas de la misma manera en la que ellas juzgan a otros. ¿Recuerdan el refrán "Dime con quién andas y te diré quién eres"? Pues bien, otra perspectiva del mismo puede ser: "Dime tus opiniones y te diré quién eres". Los coaches solemos decir que los juicios dicen más del observador que de lo observado. Lo que expresamos revela nuestra forma de mirar el mundo. A aquellos que juzgan y critican negativamente todo lo que ven, es altamente probable que les cueste asumir retos. El miedo a que entre la audiencia existan más personas como ellos los paraliza.

---

2. Paula Estrada es una excelente coach ejecutiva y entrenadora de oradores para conferencias TED con muchos años de experiencia trabajando en organizaciones de primera línea.

Precisamente, el arte de hablar en público implica lanzarse hacia terrenos desconocidos. Lo que incluye las reacciones de la gente y los posibles imprevistos que surjan durante la presentación. En este sentido, cada presentación siempre es maravillosamente incierta y diferente.

Por supuesto, todos los casos son únicos. Por ese motivo es muy importante identificar la información que subyace en nuestros miedos para poder atravesarlos.

Otra de las creencias limitantes que frecuentemente aparecen cuando sentimos que no tenemos nada nuevo para aportar puede abordarse con una regla muy simple y poderosa que bien puede ser un antídoto, de segundo orden...

La regla del 100.001

Las creencias mencionadas muchas veces nos llevan a la conclusión de que "Ya todo está dicho; la rueda y el fuego se inventaron y no hay nada nuevo bajo el sol; mucho menos algo que yo pueda decir que resulte diferente y novedoso".

Esta regla sostiene que en muchas ocasiones oímos un mismo mensaje 10, 100, 1.000 veces y siempre escuchamos lo mismo, porque a cierto nivel pasa como inadvertido y no llegamos a comprenderlo lo suficiente como para encontrar su valor. Incluso, muchas veces "creemos" haberlo entendido, sin embargo en algún momento escuchamos ese mismo mensaje ya oído tantas veces y en esa oportunidad nos alcanza de lleno, nos impacta como si lo recibiéramos por primera vez. Es como si no lo hubiéramos oído nunca. Esta situación es muy común, como cuando nuestra pareja nos repite hasta el cansancio algún tema puntual y nosotros lo oímos, pero es como si no lo escucháramos; ese tema no llega a impactarnos en lo profundo. Un buen día, otra persona, quizás incluso un desconocido, nos dice livianamente y al pasar lo mismo que nos decía nuestra pareja y en ese momento nos sorprende. Vivimos ese mensaje como una auténtica revelación. Si el mensaje es el mismo, ¿qué cambió de un momento a otro? El mensaje puede ser igual, pero la experiencia en cada caso es completamente distinta. El emisor nos acerca el mensaje de otro modo, dice lo mismo, pero habla de otra manera, le imprime otra emoción y otra intensidad, y esta vez nos encuentra con otra receptividad. O incluso puede ser que cambie una sola palabra y, entonces, la sensación cambia radicalmente. La "regla del 100.001" nos sirve para entender que la forma en que nosotros, como oradores, presentamos un concepto trae de la mano nuestro propio sello, nuestra unicidad. Así entonces, algo muy trillado y ya oído cientos de veces de otro puede sonar novedoso en ese preciso instante, con esa metáfora o ese recurso; con esa emoción y ese humilde metro cuadrado de conocimiento.

Esta regla es una invitación a reflexionar acerca de cuántas veces tenemos que oír algo los seres humanos hasta poder escucharlo por primera vez. Incluso, como oradores, tal vez debamos expresar una idea 100.000 veces para poder decirla por primera vez. Y en ese preciso momento es cuando la idea toma una dimensión mayor. Creíamos conocerla bien para descubrir que repetíamos hasta el cansancio solo la cáscara de esa idea. Suponíamos haber oído y visto todo, para sorprendernos con la cosa más simple.

Es un ciclo, 100.000 veces para el milagro de la primera vez. Es casi una dinámica de la vida; 100.000 caminos para descubrirlo por primera vez; 100.000 besos para dar uno por primera vez; 100.000 guerras para construir la paz; 100.000 vidas para vivir una tan de verdad...

De la misma manera, cuando logramos encontrarnos con esa primera vez (la número 100.001), es cuando podemos decirla un millón de veces más, y siempre será la primera. Como cuando decimos "te amo" tantas veces con la misma intensidad que nos hace vibrar al decirlo como si fuera por primera vez.

En síntesis, no es cuestión entonces de la novedad que como presentador pueda traer a mi audiencia. Es muy difícil anticiparlo cabalmente, ya que hay ideas que pueden resultarnos novedosas pero que para mucha gente ya sean trilladas, y viceversa. Lo cierto en esto es que nuestra impronta será única por el solo hecho de ser nosotros quienes la traemos. Tal vez la novedad no provenga de la idea, sino de la forma de presentarla. Puede tratarse de una metodología diferente o de cualquier recurso que pueda resultar novedoso. Pero de todos ellos el más indiscutidamente original será el que traiga nuestro sello.

Allí es donde podemos hacernos la pregunta, como oradores, antes de empezar una presentación: ¿cuántos de los presentes oirán por primera vez estas ideas? Y una respuesta, entre muchas, podría ser: "seguramente muchos, si me doy permisa quo para pronunciarla por primera vez, aunque ya lo haya hecho 100.000 veces".

El principio activo que requiere esta regla entonces será la capacidad para permanecer compasivos con nosotros y con nuestra audiencia, atentos ante sus posibles respuestas (sean cuales fueran) y abiertos a sorprendernos ante lo que pueda regalarnos la experiencia. Para ello, hace falta osadía.

El susurro de la osadía

Muchas veces tendemos a explicar nuestra timidez o vergüenza como un rasgo general de nuestra personalidad. Sin embargo, he visto y trabajado con muchos expositores sumamente desinhibidos en el escenario que luego son más bien retraídos en su vida personal, y viceversa. Por su parte, grandes estrellas de Hollywood han confesado ante nuestro asombro el modo en que su timidez afecta sus vidas.

Al igual que las dos caras de una moneda, la manera de relacionarnos en uno u otro ámbito tendrá al mismo tiempo un costado luminoso y otro sombrío. Para resolver aquella cara que reconocemos que nos incomoda y nos limita, la osadía puede ser un buen antídoto.

¿Qué es la osadía?

Pensemos en un software, por ejemplo, un editor de textos. Este programa está diseñado para escribir. Pueden escribirse infinidad de palabras, combinar las letras, los tamaños, las tipografías. La cantidad de texto disponible dependerá de la memoria que la computadora posea. Usando nuestro alfabeto, con menos de treinta letras pueden escribirse las aproximadamente 93.000 palabras del idioma español, según la 23ª edición de la RAE, de 2014 (http://www.rae.es/diccionario-de-la-lengua-espanola/presentación).

Estas palabras constituyen un gran espacio de probabilidades. Las decisiones que se tomen con relación a qué palabras escribir representan el libre albedrío. Sin embargo, este software no permite emplear tipografías que no estén cargadas en el sistema, ni letras que no pertenezcan al alfabeto elegido. Podemos entonces obtener infinitas combinaciones dentro de una serie de elementos preestablecidos (el alfabeto, las tipografías y la capacidad de memoria de la computadora). Aquí, la osadía estaría representada por esa libre decisión de buscar, crear y utilizar nuevas combinaciones (con los elementos disponibles dentro del sistema) pero que no han sido utilizadas antes. Tal vez pueda inventarse nuevas palabras o combinarlas de manera diferente y hasta incluso crear nuevas formas de poesía. De esta forma, resulta curioso reconocer que los seres humanos estamos acostumbrados a utilizar siempre un número restringido de palabras y combinaciones, manteniéndonos siempre dentro de esos límites. De esta manera, cualquier actividad que incluya palabras no empleadas o desconocidas o combinaciones fuera de las acostumbradas representará un acto de osadía. Así como en esta metáfora, tal es la forma en que funcionamos muchos de nosotros.

Algunas propiedades de la osadía

Ahora bien, la osadía nos invita a estirarnos como una banda elástica que amplía su tamaño cuando lo hace. Al estirarnos, aliviamos la tensión del condicionamiento mental que dice "no puedo, esto no es para mí". Entonces, como un bálsamo para la ansiedad, al hacerlo trascendemos miedos y temores. Ello nos ubica en el presente, en el aquí y ahora.

De la misma forma, tal vez pueda ser un buen dispositivo para desarticular las fuerzas conservadoras que nos llevan a hacer siempre lo mismo de la misma manera. Ante ello, surge a menudo una pregunta: ¿por qué cambiar o buscar combinaciones nuevas si aquellas de las que ya dispongo funcionan bien? Creo que ahí es donde aparece la osadía como oportunidad. No se trata necesariamente de cambiar lo que ya está bien o modificarlo porque sí. No tendría sentido hacerlo, sería absurdo. Sin embargo este ejercicio nos despierta y nos invita a la posibilidad de reconocer nuevas oportunidades latentes. Nos eyecta hacia la aventura de desafiar límites y nos provoca a transitar sombras, para que al hacerlo, podamos estar más cómodos, más despiertos y conectados.

También nos impulsa hacia el terreno del aprendizaje, que es algo muy diferente de lo que corrientemente entendemos como un proceso que sirve solo para incorporar datos o agregar nueva información. Los coaches entendemos este fenómeno como un proceso a través del cual ampliamos nuestra capacidad de acción, en un determinado dominio y con cierto estándar. Entonces, cuando podemos hacer algo que antes no hacíamos, podemos reconocer que hemos aprendido. Al hacerlo, ampliamos nuestro horizonte, expandimos nuestros marcos de referencia. El resultado es que se nos hacen visibles aspectos disponibles y que simplemente no veíamos. ¿Cuántos regalos tal vez estén disponibles a nuestro alrededor, esperando ser reconocidos?

Quizás ellos sean el premio o la recompensa que podemos obtener cuando vamos más allá de lo acostumbrado.

La osadía de este aprendizaje también desafía el *statu quo*. Cuando lo hacemos, nos rebelamos ante lo establecido y nos animamos a más. Nos abrimos a miles de nuevas formas tal vez para lograr lo mismo, pero ya no como meros robots. Ser osado es resistirse a la resignación gris del "más de lo mismo" y lanzarse cándidamente hacia una nueva incertidumbre. Lo conocido es base y lo desconocido plataforma para el despegue.

Existen niveles y dimensiones de aprendizaje, pero es solo cuestión de escalas. Quienes permanezcan cómodamente quietos con lo que ya saben y no se resistan, tal vez obtendrán menos que aquellos que se animen a desafiar lo conocido. Al menos hasta donde el conformismo los sostenga. Seguro que tendrán razón acerca de lo difíciles que son las cosas y que la buena suerte solo toca la puerta de unos pocos.

Tal vez el gran tema detrás del aprendizaje sea que se trata de una dinámica que nos acompaña toda la vida y determina el tipo de vida que podemos vivir. Aquí, la osadía sirve como un dispositivo consciente que activa y acelera ese proceso para hacer que las cosas sucedan.

Es importante reconocer que en alguna medida todos somos un poco osados. A veces como una forma de supervivencia, otras como rebeldía o como simple diversión. Al trabajar y expandir nuestra osadía, voluntariamente aceleramos nuestra curva de aprendizaje. Ambas van de la mano y son casi sinónimos.

Podemos también encontrar mayor diversión al romper círculos de rutina y automatismos inconscientes. Al fin y al cabo, la osadía nos despierta a otra dimensión de la vida y nos invita al asombro ante lo inesperado, lo nuevo. Nos hace menos previsibles y más creativos, permitiendo romper esos condicionamientos que trae la rutina.

Creo que allí reside otro de los grandes secretos ocultos

detrás de la simple exposición que requiere una Oratoria Consciente. Es precisamente el regalo que podemos darnos al ir más allá de nuestros límites. Encontrarnos de frente con nuestros misterios y descubrir que, al fin de cuentas, si nuestras intenciones son buenas, nuestras acciones son nobles y nuestro decir es honesto solo podemos recibir buenos frutos. Y si, por esas cosas de la vida, no llegara a ser así, nos quedará el saber que hemos puesto lo mejor de nosotros, la experiencia de haber transitado un camino más con nosotros mismos y el conocimiento que brindan las "horas de vuelo", con mayores recursos para la próxima vez. Éxito o fracaso son solo perspectivas. Si todo ello lo encaramos con amor, con ganas y con espíritu de crecimiento, entonces, de una u otra forma, todo será victoria.

Públicos "difíciles"

Muchos de los recursos vistos hasta aquí nos hablan sobre el modo en que nos preparamos como oradores o las estrategias que podemos utilizar para diseñar la presentación. Mencionamos el modelo que nos permite considerar tantos aspectos como sea posible y el camino de transformación que nos ofrece la experiencia de hablar en público. Sin embargo, al momento de dar nuestra presentación, nos encontramos con algunas dificultades en relación con el público con el que interactuamos que tal vez no fueron consideradas en ninguno de los caminos transitados hasta aquí.

Lo cierto es que la atención y la actitud del público no están garantizadas solo porque estén allí sentados; incluso si eligieron y desean escuchar la charla. Entre nuestras expectativas y la realidad habrá inevitablemente algunas brechas.

Un indicador de atención de la audiencia es el uso de su teléfono celular. Este tema es un poco controversial hoy día, ya que puede ocurrir que alguien use su teléfono para tomar notas sobre lo que estamos diciendo o para buscar en

Internet alguna información sobre el tema. El hecho de que esté mirando su celular no siempre significa que está desconectado de la experiencia de la sala. Por eso, a veces no es necesario pedir que apaguen los celulares. Por supuesto, depende siempre del contexto, de las características de la charla o de algún determinado momento de la misma. Puede resultar práctico avisar a la gente cuando es conveniente que dejen de lado sus celulares. Por ejemplo, si es tiempo de realizar un ejercicio o si la dinámica requiere alguna interacción entre los participantes (como entablar algún diálogo con la persona que tienen a su lado). El teléfono está incorporado a la vida cotidiana y hay gente que ya no se puede vincular con el mundo de otra forma que no sea a través de su monitor. Es un signo de este tiempo, una realidad ineludible. El celular puede ser tanto un aliado maravilloso como un dispositivo de escape cuando algo no nos gusta. En cualquiera de estos casos, no será de nuestra incumbencia el grado de alienación de algún participante.

Ahora bien, si hablamos a un grupo en donde casi todos miran su celular, tal vez resulte más efectivo proponerles comunicarnos por chat o por videoconferencia. O simplemente dejar de hablar: permanecer en silencio y ver qué pasa. No siempre la mejor alternativa es seguir adelante de todas formas como si nada pasara. Si estamos incómodos con lo que sucede en la sala, es probable que se note. Este tipo de situaciones puede llevarnos a perder presencia y conexión, sobre todo con nosotros mismos. A veces, detener un curso y hablar sobre lo que está pasando puede resultar incómodo, pero termina por ser lo más sano para todos. Cuando me refiero a detener una charla, no sería para acusar o regañar a la gente. Me refiero a abrir un espacio respetuoso para que se tome consciencia de lo que está pasando. Se trata de abrir un diálogo con el espíritu de retomar o reencauzar la charla. Si se hace desde un lugar de imposición o enojo, no necesariamente será la mejor forma de continuar luego. La idea es resolver y proponer sin imponer, invitar a retomar el tema y eventualmente tomar las decisiones que sean necesarias en función de la respuesta recibida.

Muchas veces, cuando analizamos la composición del público en la etapa previa, podemos darnos una idea de sus características, su bagaje cultural y su formación. Lo que no podemos precisar en esa instancia es cómo van a comportarse frente a nuestra presentación; si van a participar de forma activa y positiva o si van a interrumpir constantemente u obstaculizar con intervenciones y preguntas que interpretamos como malintencionadas. El primer contacto con el público, en el momento mismo de la presentación, puede darnos una idea de la actitud que van a tener hacia nuestro trabajo. Por supuesto que puede cambiar, pero la primera impresión nos brinda mucha información.

Si bien hay buena disposición siempre que los participantes están presentes por su propia voluntad, a veces, a los pocos minutos, ya podemos comprobar si estamos frente a un público que nos resultará desafiante o difícil. Podemos hablar de un público difícil cuando percibimos que nuestras habilidades, nuestros conocimientos y nuestros recursos son insuficientes. Solemos llamar difícil a aquello que no sabemos hacer o para lo cual no nos sentimos eficientes o suficientes. Por eso, muchas veces confundimos y creemos que es un rasgo característico de las personas, cuando en realidad es el modo en que las vemos. Por supuesto, es altamente probable que otros coincidan con nuestra apreciación y digan "Ya otros oradores estuvieron con este público y les ocurrió lo mismo; sí, es gente difícil". Y nos vemos en esa situación donde lo único que queremos hacer es colocarnos en posición fetal y abrazar a mamá. Sin embargo, también podemos observar que un público que nos resulta difícil a nosotros puede no serlo para otros. Siempre suele aparecer algún domador de bestias que con encanto y elegancia resuelve las situaciones más adversas. Y nosotros, sonriendo con bochornosa envidia los observamos pasmados.

También existen casos en que parte del público puede dificultar (consciente o inconscientemente) el vínculo que queremos establecer. No estamos diciendo que ello ocurra por una incapacidad nuestra, sino como resultado de una evaluación que hacemos ante un comportamiento que percibimos como resistente. Como decíamos, los públicos no son difíciles en sí mismos, pero en ocasiones tienen comportamientos o conductas recurrentes que podrían resultarnos complicadas a nosotros como oradores. Dado que es esencial para nosotros mantener el enfoque y la interacción, podemos incorporar modos de encarar estos obstáculos sin excluir o censurar las intervenciones de los participantes. Aun así, las irrupciones no deben desviarnos de los objetivos de la presentación.

Para identificar los distintos rasgos que podríamos encontrar en un público llamado difícil, pude individualizar a lo largo de los años una tipología con seis caracterizaciones. Lo que planteo no es una descripción cerrada sino la expresión de una experiencia personal ante este fenómeno que surge de tantos años de observar actitudes y probar estrategias para enfrentar esa dificultad, especialmente al aprender a tomar registro del desafío de llevar adelante diferentes presentaciones.

La oportunidad, concretamente, es la de desarrollar la paciencia, la comprensión, la compasión y el manejo de los límites, en caso de ser necesario. Recordemos que el aprendizaje de esta tipología es exclusivo para nosotros y no es acerca de ellos. No estamos para cambiarlos. No es nuestra responsabilidad. Ya se ocuparán sus cónyuges, sus seres queridos o sus terapeutas. No necesitamos adoptar una pose de superhéroes, ya que somos nosotros quienes quedaríamos en riesgo. Nuestra labor eventualmente será la de construir, proponer, invitar y hasta convidar alguna mirada que contribuya. Pero solo eso. La decisión posterior será responsabilidad de quien la tome. Sin obligación ni compromiso.

Los resistentes o cuestionadores

El modo en que se resisten puede ser ante una idea puntual que estamos exponiendo o puede ser generalizado, como si buscaran poner un pero a cualquier idea que se proponga. Llevan la contra. Este perfil de público por lo general no tiene demasiado para aportar a la charla, simplemente la obstaculiza. Tal vez solo quieran llamar la atención. Puede ser también que resistan nuestro estilo o simplemente no desean estar allí. Pueden hacerlo por diversión, por aversión o por aburrimiento. Ante este estilo es importante mantener nuestro foco y no distraernos ante sus formas. Podemos agradecer sus comentarios haciéndoles saber que los notamos, podemos responder brevemente atentos a no entrar en un espacio de polémicas o podemos simplemente ignorarlos. No conviene entrar en su juego. Algunos solo quieren discutir. Si entramos en la riña probablemente la conversación derive en una pulseada por tener la razón hasta que gane quien tiene más fuerza o sostiene por más tiempo. Ello resultará en un desgaste innecesario para todos. Hay que tener maestría para responder con altura y elegancia a los berrinches de quienes buscan llamar la atención porque sí o para mostrar su inteligencia. Ahora bien, puede haber situaciones donde el cuestionamiento sea legítimo o la resistencia se funde en temas coyunturales reales. He dado conferencias en empresas en las que entre los participantes había líderes gremiales que presentaban argumentos con una impronta combativa y traían a la conversación temas fuertes. En casos así, resultó positivo mantener la calma, responder ante su planteo desde lo que estaba a mi alcance responder y mostrarme sereno, abierto y flexible para sumar lo que pudiera aportar a la situación. Como plantea William Uri en *Supere el NO*,[3] es importante recordar que la confrontación lleva a adhesiones y rechazos de ambos bandos. Lo que nosotros necesitamos

---

3. William Uri, *Supere el NO*, Editorial Norma, Bogotá, 1993.

es evitar antagonismos y mantener la cordialidad para que juntos, eventualmente podamos transformar disputas frente a frente en diálogos constructivos hombre con hombre.

Los preguntones

El preguntón puede estar muy involucrado con el tema y está muy ansioso e interesado por saber y saciar sus dudas o solo busca llamar la atención. A diferencia de los cuestionadores, no expresa resistencias hacia la presentación, pero sí busca participar abriendo nuevos interrogantes de forma recurrente, que en algunos casos resultan insistentes y no necesariamente tienen que ver con lo que se está diciendo. Toman lo literal a cada paso sin dar tiempo a desarrollar la idea. A veces incluso no esperan a que termine la oración y tal vez la respuesta estaba allí mismo, dos segundos después de su pregunta. También es posible que indaguen en un nivel de detalle que resulte irrelevante para el tema de la presentación. En otras ocasiones, el preguntón ni siquiera pregunta sino que hace una aseveración y dice exactamente lo mismo que acabamos de decir, pero con otras palabras. Lo que en realidad busca en estos casos no es una respuesta sino validación. A veces puede interrumpir incluso para decir "sí, estoy de acuerdo"; magnífico aporte sin lugar a dudas. Esta persona muchas veces parece omitir que está junto con otras y toma la presentación como algo personal, descuidando lo que le ocurre a los demás. Generalmente no perciben el fastidio que producen en otros.

Con respecto a ambos grupos, una forma de manejar las aseveraciones o las preguntas que consideramos inconducentes es decirles: "Muy bien, entonces ¿cuál sería la pregunta?" o "¿podrías hacer esa misma pregunta de una manera un poco más concreta?" o "¿la pregunta es esta:…?". A partir de ahí, podemos realizar nuestra propia síntesis y reordenar sus preguntas según resulte pertinente para la presentación. Es decir, no censurar sus preguntas, agradecerlas y continuar en la dirección que requiere el propósito de la presentación. También hay preguntones que hacen tres, cuatro o cinco preguntas encadenadas. En esos casos se puede preguntar: "¿Cuál de todas estas preguntas respondo?". O directamente lanzarse a responder alguna de ellas, aquella que que está en sintonía con lo que venimos planteando en la presentación. Si el participante busca demostrar lo mucho que sabe, podemos utilizarlo para beneficio de todos y consultarle nosotros a él para aprovechar su saber y aprender de él. Sin necesidad de ponerlo en evidencia, podemos aprovechar sus conocimientos al servicio de aquello que nosotros queremos decir. No se trata de cuestionarlo, sino de apalancarnos en él, darle ese lugar que busca con tanta energía, dejarlo que se muestre y nos instruya a todos los demás por unos momentos. Lo que muchas veces logramos de esta manera es que se relaje y pueda compartir sus conocimientos, entonces deja de ser alguien difícil para nosotros. Así, ganamos todos. Incluso, puede ser que algunos, en lugar de relajarse tomen mayor ímpetu. Tal vez ese sea el momento de agradecer amablemente su participación y solicitarle unos instantes, sin realizar preguntas o comentarios, para poder continuar con la presentación. Muchos lo hacen sin darse cuenta y no toman dimensión de ello hasta que se lo hacemos notar. Entonces, se calman. Otros se ofenden. Es inevitable. Siempre habrá alguien que, sin importar lo que hagamos, se disgustará. Aquí, el entrenamiento será para nosotros. Nuevamente, no es realista pretender que a todos les guste lo que hacemos. Será un llamado a la humildad el aceptar que esto ocurre para poder incluirlo, tomarlo y aceptarlo tal como es.

Los acotadores o "cuchareros"

Su perfil se asemeja en alguna medida a los preguntones. Se trata de aquellas personas que con intromisiones constantes terminan por confundir o dispersar. Como quien introduce su cuchara en el plato de postre de quien tiene al lado sin pedir permiso. De ahí el mote de "cucharero". No levanta la mano para preguntar ni pide permiso para interrumpir, se lanza a expresar sus ideas, comentarios sin registro del contexto. Si bien ello no presenta una dificultad en sí, incluso muchas veces es muy positivo, el problema aparece cuando se hace recurrente y produce una disyunción en el hilo de la exposición. Aquí, como en el caso de los preguntones, es fundamental tener en cuenta uno de los principios clave a la hora de tratar con un público difícil: no resistirnos como oradores. Recordemos que aquello a lo que te resistes, persiste; solo se complica. Si aparece alguien que con incesantes intervenciones dificulta la tarea, el problema es nuestro, como expositores, y no de la persona que pregunta. Por eso no es conveniente resistir la situación. Es muy importante que tengamos mucha presencia y conexión con nosotros mismos para evitar que los acotadores o los preguntones tomen dominio de la sala, del espacio y del tiempo. Tenemos que aprender a acotar las intervenciones, marcando límites pero con amabilidad y respeto. Será nuestra conexión personal con el contexto lo que va a determinar cuánto espacio le daremos al contexto externo, o sea, al preguntón, al cucharero o al resistente, para que desplieguen sus inquietudes, sus acotaciones o sus resistencias. Por eso, muchas veces es positivo tomar e incorporar sus intervenciones a la presentación para hacerla avanzar en nuestra dirección. En relación con esto cabe destacar que no pretendemos tomar como negativas las intervenciones de quienes preguntan, comparten e incluso cuestionan. Eso es bueno, ya que desafía nuestra creatividad para reciclar y enriquece cualquier presentación. Nos referimos aquí a aquellos casos en que interpretamos la intervención del participante como un desafío a nuestras habilidades (sobre todo nuestra paciencia) o un riesgo para la efectividad de la presentación.

En estos tres casos, suele ocurrir que, por la dinámica que diseñamos para la presentación, no haya demasiado tiempo para responder preguntas, ya que esto modificaría el ritmo que planeamos. Entonces, lo aconsejable es pedir disculpas por no poder responder en el momento, ofrecer una respuesta corta para no dejar el interrogante completamente abierto y ofrecer la posibilidad de continuar respondiendo preguntas luego durante el receso o al cierre de la actividad. También podemos darles nuestra dirección de correo electrónico u otro recurso para que realicen sus consultas luego de la charla. En cualquier caso, es importante evitar que la disrupción desarticule el diseño de nuestra presentación aunque manteniendo el respeto y la legitimidad del otro.

Los ansiosos

Son muy amigos de los acotadores, los preguntones y los resistentes. El ansioso tal vez no tenga resistencias, no tenga preguntas ni quiera acotar algo en particular, pero está todo el tiempo levantando la mano, interviene permanentemente y no nos permite llegar a avanzar en el desarrollo de nuestra charla. Muchas veces se trata de gente muy interesada en aprender, gente que se pone tan ansiosa que no permite avanzar porque, desde su inquietud y ansiedad, está interrumpiendo, así sea simplemente para manifestar su entusiasmo con la charla. Con los ansiosos podemos aplicar los mismos métodos que mencionamos antes o bien podemos bajar el ritmo de la charla para reducir la ansiedad general de la sala. En estos casos, para bajar la velocidad de la presentación se puede presentar una idea dejando una oración por la mitad. Por ejemplo, "Cuando quiero decir algo y..." seguro que al ansioso le encantará terminar esa oración. Puede ser dos o tres veces, hasta que tal vez resulte evidente que ya no será necesario completar oraciones, como un perro que corre a buscar el palo que tiramos en el parque.

Por otro lado, al proponer un pequeño silencio a mitad de una oración que no es obvia, cerramos la posibilidad de que interrumpan, ya que todavía no dijimos nada. Claro que aun así, hay casos de personas que de todas formas interrumpen para acotar algo. En esos casos les pido amablemente que esperen, por favor, y guardo silencio unos segundos más. Este silencio puede servirle al ansioso para tomar consciencia de la manera en que su ansiedad puede estar condicionando la oportunidad de aprendizaje y de comprensión. No conviene aumentar el ritmo frente a este tipo de público. Podemos pensar que al ir más rápido le estamos dando al ansioso menos chances de interrumpir, pero lo que hacemos en realidad es incentivarlo, alimentamos su ansiedad. Si nosotros le proponemos un ritmo frenético, es probable que reaccione con más intensidad. De todas formas, no es conveniente dar tanta importancia a este asunto.

Como dijimos antes, la propuesta consiste en incorporar estas situaciones a la presentación, sin combatirlas. Por eso, lo que podemos hacer es crear una experiencia compartida en la que, tanto la ansiedad de alguien como el deseo de destacarse o el de contradecir, se incorporen a la dinámica de la charla. Si ponemos nuestros esfuerzos en combatirlos nos desviamos del tema y de nuestra manera de presentarlo, poniendo en riesgo la conexión con la gente.

Los apáticos

Son difíciles de descifrar. Miran pero no gesticulan y no expresan reacciones. No sabemos si están escuchando, si están interesados en lo que les estamos presentando o si su alma salió de viaje dejando su cuerpo frente a nosotros, con los ojos abiertos y sin parpadear. A veces, podríamos llegar a dudar incluso de que estén respirando.

En este punto es importante destacar que este tipo de público se diferencia del resto en cuanto a que la dificultad principal que nos plantean pasa por nuestra capacidad de descifrarlos. El apático no representa una amenaza directa para la presentación, ya que al tener una actitud pasiva no interrumpe, ni hace comentarios, ni busca destacarse. El apático simplemente nos mira, a veces muy serio, a veces con el gesto adusto; en ocasiones inexpresivo, lo cual puede conducirnos a dudar acerca de la manera en la que estamos presentando nuestra charla. Muchas veces me ha pasado de tener un público que parece no tener el menor interés en la presentación, pero que luego, en el momento de hacer alguna actividad, demostraba haber estado muy concentrado y compenetrado con todo lo que venía hablando.

Los apáticos no siempre responden a las preguntas abiertas y parecen desinteresados al momento de seguir consignas. Para trabajar con ellos es recomendable proponer actividades que impliquen movimientos, ejercicios que los lleven a interactuar con otras personas para moverlos de la quietud de su postura, ya que en ocasiones pueden ser en realidad personas tímidas o muy reservadas que huyen a la exposición. Por eso resulta más fácil realizar actividades en pequeños grupos evitando interacciones multitudinarias.

No conviene precipitarse, ni confundirse. En una oportunidad, eran los inicios de mi actividad como entrenador/docente y estaba dando una charla para un pequeño grupo de una empresa internacional. Identifiqué en el público a una muchacha que estaba con los brazos cruzados y con el ceño fruncido. Todos los demás participantes se veían aparentemente muy bien, pero a ella la percibía notablemente incómoda. Recuerdo el modo en que esta situación me afectó. Sabía en teoría que no debía darle importancia y enfocarme en toda la gente que sí estaba atenta. Pero me obsesioné. No lo pude evitar. Me esforcé entonces en llamar positivamente su atención. Puse más énfasis en mi relato y me movía con energía por la sala. Busqué ejemplos interesantes, desafiantes. Probé con el humor y hasta con alguna ironía de esas que generan complicidad en la gente. No hubo forma de moverla de su actitud. A pesar de mis esfuerzos, su expresión se mantuvo inalterable. Asumí obviamente que había algún error de mi parte y sentí que no estaba logrando involucrarla con la charla.

En el *break* me acerqué a consultarla. Hacía tiempo, alguien me había aconsejado que hiciera eso si notaba a personas resistentes en el público. Le pregunté cómo estaba y qué le parecía el curso. Busqué mostrarme lo más amable posible, pero a decir verdad estaba un poco enojado, mi orgullo estaba herido. Y me llevé una gran sorpresa. La joven me contó que se sentía mal; tenía un fuerte dolor de estómago, que repercutía en su estado de ánimo. Le pregunté por qué no se iba y me respondió que se quedaba porque la charla le interesaba mucho, le servía para su trabajo y quería seguir hasta el final.

En ese momento comprendí que había cometido un grave error, pero no el que yo creía. Había interpretado mal el contexto, la presentación iba por buen camino pero yo, al suponer que una sola persona estaba descontenta con mi trabajo, hice modificaciones innecesarias. Este ejemplo sirve para reflexionar de qué manera leemos y comprendemos las características del contexto. Puede que trabajemos para resistir alguna supuesta actitud del público, pero que en realidad esa actitud sea pura fantasía nuestra. El comportamiento observado puede ser verdadero. Sin embargo lo que nos afecta es la errónea conclusión de las intenciones que atribuimos a esos comportamientos. Allí radica una fuente de sufrimiento muy importante: suponer las razones o intenciones del otro de manera negativa sin datos suficientes. En síntesis, podemos ahorrar muchas incomodidades al ser conscientes de las inferencias que hacemos. Entonces, no nos tomemos tan en serio a nosotros mismos y lograremos disfrutar más.

Los broncémicos

Este mote lo tomo prestado de un concepto utilizado por el doctor Francisco Occhiuzzi, en el marco de las charlas Tedx de Córdoba. En su charla menciona una patología muy particular: la broncemia, que es el nivel de bronce en sangre; una supuesta patología de los médicos que se creen próceres dignos de estatua propia y se van convirtiendo en ella poco a poco. Es un concepto viejo que a su vez, tomó de un profesor suyo, el doctor Feijóo Osorio. Occhiuzzi hábilmente lo amplía a todos los que se encuentran en situación de autoridad o poder y actúan desde allí con soberbia. Aplicado esto a nuestros públicos posibles, los **broncémicos** son aquellas personas que tienen una actitud despectiva, que se sienten de alguna u otra manera por encima de la situación, merecedores de otras cosas, como si lo que les estuviésemos presentando o el resto de la audiencia no estuviese a su altura. A mi entender, hay dos tipos de broncémicos. Por un lado están los broncémicos inofensivos, que son aquellas personas que durante la charla parecen atentos, pero que en el momento de las actividades se alejan, salen al baño, toman el teléfono o buscan cualquier otra excusa con tal de escaparse y no participar. Por el otro lado están los broncémicos belicosos, que son los sarcásticos; los que hacen acotaciones irónicas sobre lo que decimos o hacen comentarios por lo bajo a la gente que tienen cerca y generan risas entre ellos. Frente a estos participantes, en general, podemos trabajar en nuestro contexto personal; es decir, en nuestro yo. Si ellos tienen esa actitud, hay que entender que ese es un problema suyo y no nuestro; por lo cual podemos seguir con la presentación pasando por alto su actitud. En el caso de los más agresivos, es posible que sus comentarios sarcásticos nos resulten molestos, ante lo cual podemos directamente detener la charla y encarar la situación de buen modo e invitarlos a compartir su aporte. Algunas veces, he ejercitado el beneficio de la duda; esto es, pedir permiso para avanzar hasta disponer de suficientes elementos antes de juzgar negativamente lo que pasa. Solicitar que no se apresuren a dar un juicio negativo sin antes "probar un trozo del pastel". Incluso, alguna vez he sugerido amablemente (en privado, aparte y sin exponerlos públicamente) que se retiren si la charla si no les interesaba, para no alterar la dinámica de la presentación. En alguna oportunidad, tomé esta decisión pero lo hice durante un *break* o un ejercicio. Considero aquí que el gran tema no es la soberbia o la altanería del broncémico sino la falta de respeto. Lo que se pone en juego es el logro de los objetivos del orador y no necesariamente su imagen.

En conclusión

Es importante insistir nuevamente en nuestra perspectiva de lo que identificamos como un público difícil. Las personas no son difíciles en sí mismas. Nosotros percibimos como dificultad los comportamientos que nos desafían como oradores a la hora de realizar una presentación. Por eso es que frente a estos comportamientos recurrentes planteamos una postura integradora que nos permita vincularnos con el público sin desviarnos de los objetivos de nuestra presentación. El hecho de que percibamos a unos o a otros como difíciles nos remite al estado de nuestro contexto personal.

CAPÍTULO 9

PASOS FINALES

La transformación personal a través de la oratoria

> *El que se compromete a fondo en la Vía de este campo, toma consciencia de que su entrenamiento será ilimitado y que no podrá estar jamás satisfecho de su trabajo.*
>
> Hagakure

El camino de la consciencia, tal como señala la cita del antiguo código de los samurais, no tiene límites. No se trata de alcanzar un techo, no existe una instancia definitiva. Siempre podemos ir más allá, ese es el incentivo más grande que nos plantea el desafío del crecimiento personal. El hecho de tomar consciencia implica también entender que el camino no tiene un final a la vista y que, aunque lo tuviera, jamás será tan importante como el camino en sí mismo. Como dijimos tantas veces, no se trata de ser de una manera única y definitiva, sino de estar siendo, de entender la forma en la que podemos construirnos a nosotros mismos en todo momento a partir de una coherencia entre cuerpo, lenguaje y emoción. Nunca es tarde. Siempre podemos ampliar nuestra consciencia registrando quiénes estamos siendo en cada momento de nuestras vidas y así trascendernos. La Oratoria Consciente propone atravesar los desafíos de hablar en público apuntando al redescubrimiento y al crecimiento personal.

Las cuatro dimensiones explicadas aquí brindan oportunidades concretas para transitar el camino de la transformación; son observables y concretas. Incluso la cuarta de todas ellas, la del Yo, que puede ser percibida tal vez como la más abstracta de todas. Sin embargo, se hace visible y palpable en la coherencia entre cuerpo, lenguaje y emoción.

Aún así, una vez transitado este camino, te proponemos especular incluso que las dimensiones del contenido, la forma, el contexto y el Yo son tan solo la punta del iceberg; una pequeña porción visible sostenida por una enorme masa que se encuentra debajo de la superficie y no se ve. Este podría ser el ámbito de una quinta dimensión; una zona de misterio que no se percibe a través de los cinco sentidos de manera directa. El maestro de cabalá, Yehuda Berg[1] sugiere que la realidad se divide en dos reinos, atribuyéndole el 1 por ciento y el 99 por ciento a cada uno. El primero de ellos (el del 1 por ciento) comprende todo el universo físico que corresponde a todo lo que podemos ver, tocar, oler, oír y saborear. Sin embargo, todo eso es solo una ínfima parte de la creación, ya que el reino del 99 por ciento restante corresponde a todo lo demás y responde a un orden diferente. Al igual que el iceberg, esa increíble masa de realidad del 99 por ciento oculta sostiene todo lo que percibimos en esta mínima parte, conocida también como realidad "material".

Desde esta perspectiva, todo lo dicho hasta aquí no es más que el 1 por ciento de lo que tenemos a mano. Entonces resultaría interesante al menos imaginar una quinta dimensión de consciencia en la que una Oratoria Consciente

---

1. Berg, Y.: *El poder de la cabalá.* Kabbalah publishing, New York, 2000.

fluya hacia otras vertientes y busque abrevar en otros manantiales, donde la experiencia sensorial no sea necesariamente el objetivo. Será un tema para profundizar en otro libro...

Un paso más allá de mí mismo

Creo firmemente que el superarnos implica dar un salto al vacío. Pero uno que damos todos los que de alguna manera entendemos que las oportunidades más sorprendentes están fuera de lo conocido. Más allá de nuestros hábitos y rutinas. Están esperando en silencio en cada mariposa en el estómago ante los nervios del salto. Están del otro lado del temblor de la voz y de las piernas. No es masoquismo. Tal vez sea el precio para expandirnos y enfrentar nuestros miedos. Allí es donde se encuentran los mayores tesoros. Al hacerlo conscientemente quizás no los eliminemos a todos, pero seguramente aprendamos a oírlos, para incluirlos y tomar de ellos la información necesaria que nos ayude a transitar ese riesgo. Para descubrir, ya del otro lado, que solo son fantasmas. Que al fin de cuentas no es para tanto y que en última instancia nos hacen más fuertes, más seguros y más relajados.

Será entonces, tal vez, porque ya han transcurrido un poco más de veinticinco años desde que subí a un escenario y hablé en público por primera vez. O porque vi en aquel primer oficio como locutor una oportunidad para trascender cierta espantosa timidez y vergüenza. O será porque de alguna manera desde chico sentí esa necesidad de entender y conectarme con otros. O quizás, el compulsivo deseo de sentirme útil. Cualquiera fuere la razón que desencadenó este eterno ahora, imagino un largo listado de razones que hoy me honran en compartir la dicha de acompañar a otros a que encuentren su propia voz. No solo en términos de palabras, sino algo mucho más amplio. Generar en la voz esa consciencia que fluye desde la entraña del propio ser y que emociona. Esa experiencia que se crea cuando sentimos que el tiempo se detiene y ya no hay orador ni audiencia. Todo desaparece. Solo queda la experiencia que evocan esas voces simultáneas entre las del orador y la audiencia que en su propia vivencia recrea lo que se dice. Respirar al compás del ritmo de una idea. La inspiración de un concepto y la exhalación de su propuesta. No fue solo el entrenamiento como comunicador lo que marcó la diferencia en mí, sino la maravillosa oportunidad de ser testigo y cómplice de ese resurgir que ocurre cuando alguien (coachee, cliente, amigo o hermano de ruta) hace ese brinco en donde logra integrar ideas, experiencias y sensaciones para entregarlas en su envase único y personal. Esa elocución donde el orador no habla, sino que es hablado a través de su experiencia, y se expande en la amplitud de la vivencia que evoca en quienes lo escuchan. Mejor dicho, lo experimentan. Ya que no es solo una función de las palabras oídas, sino lo que el cuerpo expresa también ante lo que ocurre. Cuerpo, mente y emoción unidos en su única expresión.

Mis tres amuletos

Así llegamos al final de este camino. Un sendero que se puede caminar 100.001 veces hasta lograr transitarlo por primera vez. Esto puede hacerse solo o acompañado, aunque el concepto de compañía puede tomar muchas formas.

No obstante eso y cuantas veces sea que los camines, tal vez te resulte útil contar con algunos recursos adicionales. El mapa ha sido dibujado; ya lo tienes en este libro. Pero unos buenos amuletos siempre te ayudarán a recordar aquello que resulte importante para ti y no debe quedar afuera. Funcionan como una protección ante los males que acechan allí, donde menos los esperas.

Te comparto los míos. Podes usarlos con toda confianza y me sentiré muy honrado si tomas como propio alguno de ellos. O simplemente puedes crear los tuyos. Pero lo más importante de todo y que nunca debes olvidar: los tienes que cuidar con todo tu ser. No debes perderlos ya que ellos velarán por ti en todo momento, y merecen cuidado y respeto. Podrás cambiarlos y mejorarlos cuantas veces quieras, pero nunca olvidarlos.

Ahí van…

1. **Deja que hable tu niño**. Por alguna razón, en cierto momento de esta insólita adultez, olvidamos lo divertido de explorar, imaginar y crear. Sin embargo ese niño interior nunca se ha callado del todo, y la gracia de su candidez permanece allí, siempre disponible, para que la puedas tomar cuando gustes. Puedes convocar a ese niño que fuiste, en aquel instante donde todo era aventura, e imaginar una conversación con él. Incluso en el preciso momento de pararte en un escenario, puedes imaginar, sentados en sus butacas, las versiones infantiles de todos esos adultos serios que están en la sala. Lo importante es recuperar la inocencia del niño, luego de trascender el rugido del león y la sumisa carga del camello[2]. Dale permiso a este niño para que le hable a los niños que están allí. Tal vez te sorprendas con lo que encuentres.

   Este amuleto te sugiere que pase lo que pase, hazlo **divertido**. Porque cuando hay diversión, las barreras y las resistencias ceden más fácilmente. Las dificultades disminuyen y es más simple ponerse de acuerdo y conectar con los demás.

2. **Sé tú mismo**. No asumas poses ficticias. No necesitas ser como nadie. No te permitas la humillación

---

2. Transformaciones del espíritu mencionados por F. Nietzsche en *Así habló Zaratustra*. Alianza, Madrid, 1972.

de convertirte en la versión económica de alguien a quien otros no pueden pagar o no están dispuestos a hacerlo. Tu sello es tuyo y es único. Trabájalo y púlelo. Permite que brille por lo que es. Mejor dicho, quítale la mugre que lo tapa y el brillo aparecerá solo. Eso se logra con autenticidad. Que la verdad hable por sus propios méritos. No hace falta disfrazarla ni exagerarla. Tu verdad debe tener su propia impronta. Búscala, encuéntrala y dale su valor; y por sobre todas las cosas, sostenla, porque se pierde fácilmente.

Este amuleto te sugiere que pase lo que pase, hazlo con honestidad. Porque cuando eres sincero te conviertes en alguien confiable, y ese es el tesoro más preciado para cualquier relación. Recuerda que tu metro cuadrado de conocimiento vale por las marcas de tu pisada. Puedes encontrar grandes caminantes llenos de sabiduría, pero nunca sabrás si ellos caminaron antes por allí. Tal vez lo hayan hecho 100.000 veces, pero si tu voz suena en el momento justo, lo harán entonces por primera vez. Y no será tu conocimiento sino tu honestidad lo que hará resonancia en ellos para recordarlo. Si son gente de bien, sabrán reconocerlo. Y si no, entonces el problema será de ellos. No negocies tu integridad, es un preciado bien que pierde valor cuando se manipula.

3. **Habla con el corazón**. Escucho esta frase desde que tengo uso de razón y siempre me resultó ridícula, abstracta y sin sentido. Una gran estupidez. Sin embargo, no hace mucho tiempo descubrí que de alguna manera en realidad siempre lo estaba haciendo pero no me daba cuenta. Hasta que pude reconocer que cuando me conectaba intensamente con lo que hacía y me comprometía al ciento por

ciento con ello, aparecían en mi mente las palabras justas y las ideas precisas para decir lo que necesitaba. Fue entonces cuando reconocí algo que no me animaba a decir hasta este preciso momento, y es que cuando le pongo amor a lo que hago, la marca de lo que ocurre se hace imborrable para mí, cualquiera sea la actividad. Desde lo más simple, como cepillarme los dientes, pasando por un encuentro casual con un desconocido a quien saludo porque sí, hasta en la intimidad en la más tierna compañía, cuando todas mis voces hablan sin pronunciar palabra alguna. Fue en ese compromiso, esa intensidad y ese amor donde encontré que mi corazón se expresa con su propia voz simple y sin estridencias, pero con la seguridad y la confianza que la hacen única.

Este tercer amuleto te sugiere que, pase lo que pase, **hazlo memorable**. No importa el tema que tengas que exponer, ni la receptividad de la audiencia. No importan las condiciones técnicas ni lo que hayas tenido que atravesar para llegar hasta allí. Tampoco importa si es un megaevento, una kermés en el club de tu barrio o una charla con un grupo de abuelitos en el parque. Solo bastará tu decisión de hacer de este un momento único para que, sea lo que sea que hagas, la experiencia sea valiosa e irrepetible por sus propios méritos.

Que sea divertido, con honestidad y memorable.
Que sea divertido, con honestidad y memorable.
Que sea divertido, con honestidad y memorable.
Que sea, porque sí…
¡Gracias!

ANEXOS

PRIMEROS AUXILIOS EN LA CORNISA

A pesar de todos los buenos intentos, muchas veces el miedo termina por ganar la partida. Nos encontramos a pocos minutos de iniciar la presentación y sentimos que el corazón late con tanta fuerza que puede salir expulsado por nuestra boca. Nuestras extremidades no responden bien y las mariposas en el estómago poco a poco se convierten en dragones…

Tal vez algunas de estas ideas puedan ser de ayuda en esas circunstancias.

1. Algunas personas necesitan "bajar decibeles". Son quienes se encuentran dominados por la ansiedad. Si bien es importante tener la energía bien alta, aquí está por encima de los niveles óptimos. Entonces, la persona está desenfocada, desconectada, desbordada. Para ellos puede servir:
   - Tener agua a mano y beber en abundancia, despacio.
   - Respirar rítmicamente en patrones estables.
     – Cuatro tiempos de inhalación,
     – Cuatro de retención del aire,
     – Seis de exhalación y
     – Dos tiempos de retención, sin aire.

- Varios ciclos.
  Concentrarse solo en la respiración. Si aparecen ideas intrusas, dejarlas que pasen y volver a la concentración. De a poco, el pulso se irá normalizando. Si cuesta seguirlo por medios propios, tal vez se pueda grabar en audio algunos minutos de este ejercicio para seguir la propia voz grabada.

• Visualizar la mejor presentación. Imaginarse relajado al dar la charla, pensar en los movimientos, los pasajes más interesantes de la charla, la respuesta positiva de la gente. Imaginar el estado de ánimo óptimo. Representarse lo más nítidamente posible la situación en su mejor versión. Esa versión que se imagina estando relajado con el mejor resultado posible ayuda a la mente a focalizarse en algo positivo.

• Es muy importante tener en cuenta que tampoco sirve relajarse demasiado y subir al escenario como un zombie. Se requiere estar empoderado, alegre y seguro.

• Buscar los propios rituales. Todos nosotros tenemos nuestros propios recursos personales para "bajar decibeles", conectarnos con nosotros mismos y recuperar nuestro centro. Puede ser escuchar la música que nos relaja y nos conecta. Existen músicas que nos recuerdan momentos particulares de nuestra vida. Podemos recrear esos momentos buscados al escuchar esa música. También podemos considerar nuestros rituales personales. Oraciones, plegarias o todo aquello que al ser realizado nos conecta más allá de la propia experiencia de la presentación.

• La mente no distingue realidad de ficción. Si nos imaginamos, por ejemplo, las uñas de la maestra del colegio rasgando el pizarrón, o las puntas de un tenedor rayando una bandeja de porcelana, nuestro cuerpo tendrá una reacción fisiológica como si estuviera realmente ocurriendo en ese momento. Podemos también pensar en el beso más dulce de las persona que más amamos o el abrazo tierno de un padre. Todo lo que evoca emociones en nuestro cerebro repercute en nuestra experiencia vital. Lo bueno de ello es que también podemos utilizarlo a nuestro favor. Visualizar la escena, imaginarnos a nosotros, imaginar el mejor escenario posible condiciona también a nuestra mente para sintonizar con esa experiencia. La respuesta fisiológica acompaña igual. La clave está en sostener esa visión y no soltarla. Mantener la imagen a pesar de la presión que podamos sentir.

2. Otras personas, por el contrario, necesitan "subir decibeles". Son los que se sienten empequeñecidos. Encogidos como pasas de uva. Abrumados e inseguros hasta de su propia respiración. Se sienten pesados, insuficientes y muy apesadumbrados. Para ellos puede servir:
   - Escuchar música que alegre, que entusiasme, brinde seguridad y permita sentirse bien.Moverse, saltar, caminar, hacer ejercicios de estiramiento. He visto a grandes oradores saltar enérgicamente en su lugar (detrás de la escena, por supuesto) antes de subir a un escenario. La propuesta es preparar el cuerpo como un atleta que está por salir en carrera.
   - Hacer una actividad que requiera algún tipo de esfuerzo físico.
   - Cantar, buscando el lugar y la situación apropiada.

3. Sin embargo, ¿qué pasa si me olvido de algo de lo que tengo que decir?

Se puede tener preparado de antemano algunos recursos que sirvan de ayuda. Por ejemplo una hoja con palabras clave de la secuencia de la presentación. En última instancia, se puede buscar ese papel y retomar. Si bien esta no es la mejor de las estrategias, muchas veces cumple más un apoyo psicológico que brinda seguridad antes de subir al escenario. En pocas oportunidades he visto que alguien apelara finalmente a este recurso.

Otro aspecto importante en este sentido es tener en cuenta que solo el orador (y tal vez alguna otra persona) sabe ciertamente lo que debe decir, pero el público no lo sabe. Esto implica que no necesariamente hay que reproducir literalmente todo lo que se planificó. Lo importante no es decir todo lo que hay que decir, sino lograr que el público se lleve lo que debe llevarse. A veces ocurre que lo que decimos es muy diferente de lo que planeábamos decir. Hay una antigua frase que escuché hace mucho tiempo: "El juicio de calidad lo hace el cliente". Entonces, resultará de mayor valor estar presentes y más atentos a la experiencia del público que a la pulcritud de nuestras palabras. A veces los mejores discursos resultan insuficientes y debemos improvisar para adecuar lo que queríamos decir al contexto emergente. En síntesis, no hagamos un derroche innecesario de energía pensando en nuestra perfección sino en la excelencia del resultado.

4. No respirar hondo antes de empezar.
    Hay que subir al escenario con la respiración normal. Si subimos al escenario con un ritmo de respiración profundo es probable que nos quedemos sin aire rápidamente y eso nos ponga muy nerviosos.

Las respiraciones profundas tienen que hacerse unos minutos antes y no al llegar al escenario.

5. Pero, ¿y si me disperso y no sé cómo seguir?
   Los dos grandes faros de guía para mantener el foco de la presentación son: **el tema central** y **el objetivo**. Con estos dos aspectos siempre en mente no hay forma de perderse. Es como caminar en la oscuridad con una linterna. Se puede hacer de muchas formas, pero es más seguro el paso cuando vemos hacia dónde vamos, aunque no se vea el final. Con el objetivo en mente es más facil mantener la compostura ante los nervios y el foco ante las dispersiones. Al mismo tiempo, con el tema central en mente, es más fácil improvisar y responder a los imprevistos sin perder el rumbo. Por ello, al recordar estos dos aspectos naturalmente aparecerán en la mente los recursos que permitirán reencauzar la presentación. Como cuando se abre un botiquín de primeros auxilios, el alcohol es el tema y la gasa el objetivo. La preparación previa representa el armado del botiquín, que puede ser muy austero, pero estas dos cosas no pueden faltar ya que sirven para una enorme cantidad de situaciones. **Tema** y **objetivos** son la base misma de toda presentación.

En conclusión, caminar por la cornisa antes de entrar a escena es esencialmente un desafío emocional y el miedo surge a partir del modo en que interpretamos lo que percibimos. Entonces, el ejercicio de aprender a desarrollar nuevas miradas sobre lo que nos ocurre nos dará buenas oportunidades para aprender a manejar nuestras emociones.

Como oradores, no precisamos ser los poseedores del saber universal, sino los catalizadores del conocimiento latente en la sala. Tanto mejor para todos si hay alguien que sabe más que nosotros sobre nuestro tema, para que pueda ilustrarnos. Lo mismo ocurre con las resistencias que alguien presente. A veces, una objeción por parte de un asistente nos enseña que tal vez nuestro enfoque no sea el adecuado o suficiente. Eso es muy bueno. El desafío es mantener el foco, la conexión y la paciencia.

Asimismo, resulta una estrategia muy potente para lograr cercanía con la gente el hablar con sus palabras, tomando sus ideas, comentarios y aportes (incluso los posibles cuestionamientos) como materia prima para articular con ellos nuestras ideas. Resultará mucho más poderoso para alguien escuchar nuestra propuesta pero articulada con sus propias palabras, formas o modismos.

CHARLA: EL HOMBRE MÁS GRANDE DEL UNIVERSO

Por Iván Morello

Acceda al video mediante este QR
https://youtu.be/AReh4HpV7VE

Albert Einstein nació en Alemania el 14 de marzo de 1879. En 1915 presentó la teoría de la relatividad general, una teoría tan importante y compleja que yo no sabría siquiera explicarles muy bien de quién se trata. Por esta y otras tantas contribuciones, se le otorgó en 1921 el Premio Nobel de Física. En 1932 se exilió en Estados Unidos por su condición de judío y el avance del nazismo en Europa.

Albert Einstein es considerado el científico más famoso y popular del siglo XX y un ejemplo de superación ante la adversidad. Por su intensa vida, sus revolucionarios aportes y su compromiso político y religioso fue un hombre muy importante para toda la humanidad, más que muchos otros que no tuvieron lo necesario para llegar tan lejos. Para mí no fue tan importante. Para mí más importante fue mi viejo... y lo extraño mucho más, porque al final era él quien venía a buscarme a la salida de la escuela en el Siam Di Tella todo podrido que tanto me avergonzaba. Y yo le reprochaba "¿Por qué no tenés un auto como el de Camuzone?", que era el próspero médico del pueblo, siempre pulcro, elegante. Y el tipo, con la certeza de que haría lo necesario para que veinte años después yo entendiera su respuesta decía: "Porque no lo necesitamos".

Y porque fue mi viejo el que agarró a trompadas al ruso Lichman el día que piropeó a la vieja envalentonado por el copetín de media mañana, su grupo de amigos y la impunidad hecha costumbre que le daba ser el dueño de medio pueblo.

Y por la noche de la tormenta que tiró un eucaliptus enorme que por el techo se metió en la casa; el viejo se sentó en mi cama y ahí el miedo se me fue y me abracé a la almohada y soñé la noche entera que ese hombre era el ángel de la guarda.

Eso es para mí la identidad y es lo que a mí me dio mi viejo, tal vez a vos te lo haya dado tu abuelo, tu vieja, tu tío, un hermano más grande...

La identidad nos hace particulares y diferentes de los demás, y esa identidad la vamos recreando en función de nuestras relaciones diarias, con nuestros jefes, colaboradores, amigos. La identidad nos constituye, nos forma, nos hace lo que somos. Ningún niño, ningún adolescente hace lo que sus mayores les dicen, solo toman lo que sus referentes **hacen**.

La integridad, la honestidad, la valentía, la solidaridad, la pasión, no se pueden enseñar como se enseñan las matemáticas o las ciencias naturales, hay que vivirlas y hacerlo con la plena consciencia de que alguien nos mira y construye **su** identidad.

Hoy me toca a mí ser el adulto y es mi compromiso y mi responsabilidad transmitir a los más chicos, a mis hijos, a los que están empezando, todo eso que me fue dado.

Así me gusta a mí recordar a mi viejo; a vos, ¿cómo te gustaría que te recuerden?

MODELOS DE CHARLAS BREVES

Podemos reconocer al menos dos categorías de charlas de estas características: las conferencias y los coloquios. Aquí proponemos, a modo de ejemplo, dos modelos que muestran la aplicación del modelo presentado en este libro.

- Conferencias breves, de hasta de cinco minutos.
- Conferencias/coloquios breves, de hasta de 20 minutos.

Las primeras remiten a ámbitos meramente expositivos donde el presentador centraliza toda la atención. La gente escucha y participa desde un rol pasivo. Involucra su mente y sus emociones pero su interacción con el presentador y con el resto de las personas es nula o mínima. En cambio, el coloquio incluye la participación y el involucramiento del participante. La experiencia es interactiva. Si bien hay una exposición de ideas y una facilitación de diferentes momentos, predomina la interacción. El presentador plantea un tema pero a la vez estimula la participación del asistente. Realiza actividades para que la audiencia interactúe entre sí y eventualmente se mueva. Esta instancia es más vivencial puesto que su propósito es que el participante viva la experiencia de los conceptos a transmitir.

En la gran mayoría de los procesos de formación de coaches, existe una instancia muy intensa y estimulante donde se pide al alumno que organice un taller/charla/coloquio en el que presente algunos de los aprendizajes obtenidos hasta ese momento. Incluso algunos organizan eventos para realizar sus presentaciones e invitan a sus amigos, conocidos y seres queridos. Se trata de un ámbito muy poderoso donde se expone lo aprendido, lo vivido y la capacidad para contagiar y generar aprendizajes en otros. El proceso es ciertamente intenso, puesto que no se trata meramente de una clase, sino de una experiencia basada en un compartir. Esto resulta muy desafiante para muchas personas ya que la premisa es expresarse desde la propia experiencia, sin poses. Comparten su óptica personal sobre el tema que están presentando. Sabemos que, en general, resulta mucho más fácil hablar de objetos, circunstancias externas u otras personas. Hablar desde sí mismo, es una experiencia desafiante y reveladora.

He aquí el gran reto. Si hablamos desde nosotros, existirán más probabilidades de generar esa conexión que buscamos con los otros. Si hablamos de temas ajenos a nosotros, seguramente hablaremos más desde la razón, y el vínculo con la gente será más racional y desprovisto de la vitalidad que le da la emoción; resultará mucho más frío y distante. Por ello, hablar desde nosotros representa un doble desafío. El de exponernos como presentadores (en relación con el tema) y el de exponernos como personas (en relación con nuestra mirada personal sobre ese tema).

Recordemos que hablar desde la propia experiencia no necesariamente es un juego vanidoso o egocéntrico. Se trata de una referencia más autobiográfica que autorreferencial. Al compartir nuestras dudas, nuestros errores y nuestros miedos, generamos una excelente oportunidad para lograr una resonancia con el otro.

Las estructuras de estos espacios, generalmente muy breves (máximo 20 minutos), son muy similares a las que presentaremos aquí. Sin embargo, proponen algo no abordado todavía, que es la dinámica de la interacción con la gente.

Sugerimos ahora, a modo orientativo, un esquema clásico de cómo suelen estructurarse estos coloquios, y luego algún ejemplo genérico como referencia.

El diseño

Primero resulta importante identificar algunos aspectos relevantes que hacen al propio contenido de la presentación aplicando el modelo visto en el cuerpo del libro:

- **La idea**. El tema central.
- **Los objetivos**. Los propios, los relativos al tema y los que asumimos pueda tener el público que asistirá. Identificar en la misma línea el propósito. El para qué de la presentación.
- **Los ejes**. Tres, cuatro o más ideas principales. Los mensajes clave. Lo que la gente debería llevarse.
- **Los conceptos**. La composición de cada uno de esos ejes. Los temas o ideas que emplearemos para desarrollar esos ejes.

Sobre esa base, desarrollamos aquí un esquema para una ponencia de 20 minutos. Para presentaciones más extensas, la estructura se mantiene, pero se amplía la dinámica.

1. Introducción

Se plantea el tema. Puede ser mediante una interacción con la gente con alguna pregunta cerrada del tipo "¿A cuántos de ustedes les pasó que…?". O "¿A quiénes de ustedes les ha ocurrido alguna vez…?". Esas preguntas de inicio habilitan un espacio de interacción con la gente. Dado que es el comienzo y tal vez aún no exista la confianza necesaria, resulta poco conveniente hacer preguntas dirigidas para que una sola persona participe y responda. Si el ambiente todavía no está relajado, es poco probable que alguien se preste a participar espontáneamente, en frío. Solo formulando una pregunta que requiera que contesten levantando sus manos alcanza. La idea es ir creando la relación y al mismo tiempo establecer un código, generar un contexto seguro en la gente.

También puede presentarse el tema expresándolo mediante interrogantes o inquietudes. Por ejemplo, si la presentación trata sobre comunicación, se puede iniciar planteando preguntas de manera abierta y general. Así, podemos comenzar con: "En esta charla quiero transitar con ustedes algunas respuestas relacionadas con estas preguntas..." o "Este será un espacio para entender qué hay detrás de nuestros malentendidos, cuáles son las razones por las cuales a veces nos cuesta escuchar y el modo en que nuestros prejuicios condicionan nuestra capacidad de autoexpresión". Esto puede aportar al público una idea del rumbo que la presentación tendrá. Generalmente estos recursos son útiles para contextos formales. En cambio, en ámbitos más informales, se puede iniciar directamente con el planteo del tema. Sin preámbulo. Sin anunciar de antemano lo que ocurrirá. Será un proceso de descubrimiento. La clave en este espacio es instalar el tema pero de una manera original, dinámica e interactiva. Es importante marcar la dinámica que se utilizará.

Otra opción consiste en iniciar compartiendo una experiencia personal que muestre algún contraste en relación con el tema a presentar. Por ejemplo, para el tema de la comunicación se puede empezar por compartir una anécdota que muestre alguno de los errores típicos en la comunicación, luego abordados conceptualmente en el desarrollo. Ese contraste, también ayuda a generar cercanía con la audiencia, puesto que nos humaniza. Resulta importante no solo instalar el tema sino también crear una relación con la gente, buscar la proximidad, mostrarnos involucrados en el tema compartiéndolo desde nuestra experiencia, de una manera humilde y sincera.

En síntesis, los aspectos para tener en cuenta en la introducción son:

- **Generar relación con la gente**. Conectarse con ellos y generar un contexto distendido y participativo.
- **Generar un contexto amigable**. O sea, crear las condiciones para que la audiencia se sienta interesada por el tema, cómoda con la metodología y estimulada para involucrarse y participar.
- **Ritmo y misterio**. Plantear los temas adecuándolos al estilo y perfil de la gente, instalando la curiosidad mediante interrogantes o actividades breves que generen esa inquietud por explorar el tema.
- **Ritmo**. Los primeros tres minutos son esenciales para que la gente se abra y no se repliegue. Es importante trabajar muy bien esta parte. Como dice el viejo refrán: "No hay segunda oportunidad para una primera impresión".

2. Desarrollo

Esta etapa debe contribuir a que el público pueda hacer una distinción en relación con el tema, por ello, es necesario buscar que vivan una experiencia relacionada con ese tema. Aquí resulta de mucho valor realizar una o más actividades que les permita vivenciar diferentes aspectos del tema a presentar, para despertar interés y disposición que posibilite luego desarrollar el marco o la referencia teórica del tema. Este formato es inverso al tradicional, donde primero se presenta el tema de manera completa y luego se realiza su correspondiente actividad para vivenciarlo. Si lo analizamos, notaremos que el efecto es mucho mayor si primero nos encontramos con la vivencia que nos expone las dificultades y dudas que ese tema pueda presentar. Como si nos entregaran una linterna desarmada con todas sus partes sueltas y nos pidieran que la armemos sin una imagen previa del modelo terminado, ni un instructivo de cómo armarla. Ello puede generar mayor disposición por parte del público para abrirse a la propuesta ya que el único recurso con que cuenta es su propia mente. Primero la vivencia, luego el concepto. Si bien el tema se adelanta desde el principio, solo será a modo introductorio y de manera general. Como los títulos de tapa de un periódico. Por ejemplo, continuando con el tema de la ponencia sobre comunicación, en la introducción podemos compartir una experiencia personal que lo introduzca. Al momento del desarrollo, podemos formular una pregunta abierta del tipo "¿A alguien más le pasó algo así como lo que me pasó a mí?". Luego proponer un ejercicio invitándolos a entender cómo funcionan algunos de estos mecanismos mediante una actividad. Entonces, se presenta la consigna.

- Si el grupo es muy grande o si la gente está ubicada en un auditorio con sillas fijas al piso o hay mesas, puede pedirse que se reúnan con la persona que tienen a su lado. Dependerá de si el ejercicio consiste en una actividad de a dos personas, cuatro o más.
- Las consignas deben darse por partes: primero organizar el aspecto físico o logístico. Por ejemplo, reunirse con dos, tres o cuatro personas. Si el espacio físico y el contexto lo permiten, resulta útil proponer que la gente se traslade, se mueva y busque personas en otro lado de la sala o que se mezcle con gente que no conozca. Ello moviliza mucho el ambiente y el clima de la sala. Renueva la energía estática luego de un tramo pasivo de exposición.

- Una vez resuelto el aspecto logístico se plantea la consigna. Como estos son momentos que tienden a generar dispersión y muchos se distraen y no prestan debida atención, es importante dar las premisas de manera muy breve, simple y directa. De todos modos, siempre hay algunos asistentes que realizan un "viaje astral" a Marte mientras nos miran hablar (si es que tal vez ya no venían haciéndolo desde antes).
- La consigna debería incluir los siguientes ítems.
  - Objetivo de la actividad. "Esta actividad es para…".
  - Consigna. Son las premisas que establecen lo que se puede hacer y lo que no.
  - Cuánto tiempo hay disponible para resolver esa consigna.
  - Cómo va a ser el aviso de finalización.

Uno de los errores más comunes al presentar actividades es plantear los cuatro puntos de la consigna en un solo momento. Ello redunda generalmente en una muy baja recepción cuando se brinda demasiada información en un solo bloque. La gente tiende a desorientarse.

Insistimos en la importancia de dar consignas por partes.

Por otro lado, la asignación de tiempos también es importante. Resulta necesario tener bien aprendido y por escrito el esquema de la actividad con sus respectivos tiempos. Para ello, sobre todo cuando se trata de principiantes en el arte de facilitar actividades de este tipo, sería de suma utilidad hacer varias pruebas previas para observar cómo funcionan las actividades y encontrar también allí el propio estilo.

En síntesis, los aspectos a tener en cuenta en el desarrollo son:

- **Estructura** de la presentación y los recursos empleados en las actividades.

- **Identificar los espacios para la reflexión** con la audiencia.
- **Organizar los contenidos** que ilustrarán el tema.
- Seleccionar los **recursos** que se emplearán (ejercicios, videos, juegos). Identificar los grados de dificultad y complejidad, planteados de menor a mayor.
- Tener suma claridad en **los tiempos y la curva de energía**. No olvidemos que la atención fluctúa y tiende a ser cada vez más breve. Durante el desarrollo, puede ser útil buscar que la gente se mueva, interactúe, reflexione y escuche. Si se siguen estos parámetros habrá mayor seguridad de mantener un ritmo sostenido.
- **Utilizar los comentarios de la gente** para expresar la idea que deseamos transmitir. Hablar con sus palabras.
- Estar alerta a la conexión con la gente. **Contacto visual** siempre.
- **Agradecer las intervenciones**, reconocer a quien participa y aceptar con humildad los cuestionamientos que puedan expresar. Siempre una actitud de gratitud ayuda. Es importante evitar confrontaciones, así como también descalificaciones. Puede haber desacuerdos. Podemos pensar diferente y tener posturas contrarias. Ello no habilita la descalificación del otro.
- Mantener una **actitud abierta y enérgica**. Una postura erguida pero relajada. Un semblante amigable y a la vez desafiante. Con respeto y dando legitimidad a todo lo que en la sala ocurra.

3. Cierre

El cierre propone la conclusión y la síntesis de todo lo vivido. Una anécdota, un cuento o un refrán logran ser buenos recursos, pero sin olvidar que la emoción que puedan crear estos recursos debe estar al servicio de la idea general del tema que se trató. Puede ser una metáfora que haga referencia al comportamiento o aprendizaje generado.

Las conclusiones pueden brindarse como una reflexión por parte del presentador, o realizar una actividad donde se reúnan en grupos de cuatro personas para conversar e identificar sus aprendizajes. Luego, un representante de cada grupo puede compartir las conclusiones de lo conversado. Esto dará más tiempo y oportunidad para que todos los asistentes interactúen y profundicen sobre el tema. Es muy importante manejar todos los tiempos y saber anticipar para surfear los posibles desvíos. Para eso, la mejor estrategia es la práctica. Una, diez, cien veces... practicar. Hasta que se aprenda. Allí es cuando empieza la diversión.

Este tipo de dinámicas brinda la maravillosa experiencia de profundizar el aprendizaje ya desde la propia enseñanza. El proceso de elaboración de estas actividades es muy transformador, puesto que son varios los retos que presenta esta modalidad de aprendizaje. En cualquier área de que se trate, el recurso de enseñar aquello que se desea aprender acelera y reduce la curva de aprendizaje. Si bien es cierto que no podemos enseñar lo que no sabemos, sí podemos hacerlo a medida que lo vamos aprendiendo.

Lo importante

Animarse y probar.
Equivocarse y corregir.
Confundirse y retomar.
Pero nunca frenar el movimiento.
Y, sobre todo...
Recordar que no se trata de aquello que tengas para decir, sino de lo que ofreces para dar.

Conferencias ágiles

Tomando como referencia el modelo presentado, podemos extender la metodología para modalidades de conferencias de una hora, medio día, una jornada o hasta de varios días.

A modo de fractal, que es un objeto geométrico que repite su estructura de manera idéntica a varias escalas, podemos replicar lo mismo, pero teniendo en cuenta que lo que cambia es la dinámica de tiempos.

Considerando como premisa la importancia de mantener un esquema dinámico que permita sostener la atención y la disposición de la gente, podemos subrayar algunas premisas básicas.

- **Modelar el aprendizaje**. Algunas personas se involucran mejor en procesos que incluyen movimiento y acción. Otras, se incluyen mejor a través de la reflexión. En cambio hay quienes prefieren ordenar el aprendizaje mediante mapas conceptuales y esquemas visuales, en tanto que otros buscan relacionarse con los temas desde sus sensaciones. Esta es una premisa esencial para el diseño de una propuesta didáctica completa. Es decir, una estructura donde la gente piense, accione, comprenda y sienta. Estos cuatro componentes pueden estar presentes en una dinámica de 10 minutos o distribuidos a lo largo de toda una jornada.

  Por ejemplo, un ejercicio simple donde se pida a las personas que interactúen con quien tienen sentado a su lado puede transitar estos cuatro momentos:

  1. **Planteo de la consigna**. Introducción breve del tema y realización de una tarea. Puede ser, interactuar con un compañero, analizar un caso, resolver una tarea asignada. Es momento de la acción.

  2. **Análisis de lo ocurrido**. Es tiempo de reflexión, donde se reconocen e identifican las experien-

cias vividas durante la actividad. Esta instancia se denomina *debrief* o también "rescate" o "recupero" ya que es el momento en el que se extraen los aprendizajes de lo vivido.

3. **Conceptualización y síntesis**. Es cuando se hace explícito el marco conceptual de referencia. Los fundamentos de la experiencia evocada en la actividad y la reflexión guiada en el punto anterior. Aquí se presentan los conceptos, teorías o conocimientos que dan respaldo a lo vivido. La síntesis entre lo vivido, lo reflexionado y lo conceptualizado nos lleva necesariamente hacia algún nivel de lo que damos en llamar aprendizaje, puesto que nos moviliza a ampliar nuestra capacidad de acción en un cierto dominio y sobre la base de un cierto estándar.

4. **Identificación de los aprendizajes**. Es cuando los participantes trasladan la experiencia vivida a su propia vida, buscando las relaciones entre lo ocurrido y su aplicación. El momento de transferir lo vivido a la propia experiencia que involucra necesariamente un componente emocional, por cuanto se manifiestan la toma de consciencia y el valor percibido para lograr un crecimiento personal o la mejora en algún aspecto.

En mayor o menor medida, todos aprendemos así. No siempre en ese orden exacto. Podemos entonces considerar estos cuatro factores para diseñar actividades y estructurar presentaciones aplicables a cualquier formato y extensión. El tiempo que asignaremos para transitar cada una de estas etapas dependerá de la cantidad total que dispongamos, del grado de complejidad del tema, de las características particulares de la audiencia y de nuestra experiencia en facilitar estos procesos.

- **Incrementar gradualmente la complejidad**. Comenzar con actividades breves e ir aumentando de a poco su complejidad y el tiempo dedicado a ellas.
- **Testar, probar y practicar previamente**. Quienes no tienen experiencia suficiente en estas metodologías suelen experimentar gran preocupación cuando deben preparar una presentación extensa, por la gran cantidad de variables involucradas. Para estos casos, se puede comenzar con actividades muy breves con grupos pequeños. Esto es, una presentación no mayor a los 10 minutos con cinco o seis personas como máximo, probando diferentes formatos hasta desarrollar cierto manejo. La práctica brindará mayor consciencia de los tiempos, el ritmo, la lectura de los emergentes en la actividad, el manejo de los recursos y el anclaje de los contenidos. Una vez adquirido cierto registro de las variables de facilitación, se podrá entonces avanzar en el diseño de actividades más extensas y complejas.
- Un ámbito maravilloso para desarrollar esta práctica son las actividades con niños. No por su condición de inocencia, sino precisamente por su transparencia y espontaneidad. Como adultos, en algún momento perdemos el registro de la coherencia entre cuerpo, mente y emoción, disociando nuestra experiencia vital. Los niños, en su estado puro, nos ayudarán a reconocer (incluso sin proponérselo) nuestras espantosas incoherencias dormidas. La fórmula es muy simple. Si estamos conectados con nosotros, con el tema, los recursos y el ambiente, entonces ellos aceptarán más fácilmente nuestra propuesta, aunque no la comprendan. En cambio, si alguno de estos factores está fuera de órbita, perderemos su atención de manera instantánea y estrepitosa. Sin anestesia.

- **Articular la presentación de manera modular**. Un esquema básico de 15 minutos se puede replicar hasta cuatro veces para una conferencia de una hora, modificando su forma y contenido pero manteniendo su estructura. Esto se hace dividiendo la presentación en segmentos y asignando un subtema (o eje temático) a cada uno de ellos. Por ejemplo, en una conferencia donde identificamos cuatro ejes sobre el tema que vamos a dar, cada uno se presentará en un módulo que a su vez tendrá un armado tal como lo expresamos antes. No es necesario que cada eje sea de 15 minutos exactos, sino que responda a un esquema que permita ordenar las ideas.

Por ejemplo, continuando con el modelo de conferencia sobre comunicación, imaginemos cuatro ejes que pueden dar contenido a este tema:

1. Los malentendidos.
2. La comunicación no verbal.
3. La comunicación ante conflictos.
4. Nuestro modo de escuchar.

Estos ejes son solo a modo ilustrativo. Una conferencia sobre este tema no necesariamente se compone de estos núcleos.

El siguiente paso, entonces, es tomar cada eje como un coloquio. Como si fueran capítulos unitarios de una miniserie. Podemos así imaginar para cada eje una serie de conceptos. Aún no están ordenados en la dinámica. Sólo los enunciamos.

- Los malentendidos
  - Definición. ¿Qué es? ¿De qué se trata?
  - La brecha entre lo que queremos decir, lo que decimos, lo que el otro escucha y el modo en que lo interpreta.

- El impacto emocional de los malentendidos.
- Las relaciones interpersonales.
- El malentendido como oportunidad de aprendizaje y crecimiento personal.
- La comunicación no verbal
  - El qué y el cómo de la comunicación.
  - El modo en que el cuerpo se expresa.
  - Los gestos.
  - La lectura corporal ante situaciones difíciles.
  - Herramientas y recursos para mejorar la comunicación no verbal.
- La comunicación ante conflictos
  - Definición de conflicto.
  - Niveles de impacto del conflicto.
  - Habilidades de influencia.
  - Persuasión o manipulación.
- Nuestro modo de escuchar
  - Niveles de escucha.
  - Tipos de escucha.
  - Para qué escuchamos.
  - La escucha como habilidad.

Para cada uno de los cuatro ejes, podemos ahora planificar actividades que permitan vivenciar esos contenidos, de tal forma que los participantes puedan incorporar nuevas ideas y hacer distinciones para cada uno.

Si la actividad fuera para realizarse en una jornada sobre el mismo tema, la estructura sería la misma. La diferencia radicaría en que podríamos tratar con mayor profundidad cada tema. Por ejemplo, puede dividirse la jornada en cuatro módulos, dos por la mañana (separados por un *break*) y dos por la tarde. Cada segmento tendrá su propia identidad, su escenario. Cuanta mayor amplitud y diversidad utilicemos en las propuestas pedagógicas, mejor. Ahora tenemos más tiempo para cubrir estos temas, por lo que las dinámicas podrán ser más complejas y de mayor duración.

Extender o ampliar la complejidad no implica estirar el tema. No hay que agregar temas de relleno. Sería contraproducente, ya que daría un tinte superficial a lo que queremos generar. No es conveniente emplear actividades solo para rellenar. Ahora bien, hay una serie de tiempos por cubrir, una debida atención de la gente por sostener y una atracción por estimular, por lo que necesitamos tener presente la curva de atención. Dentro de la estructura de una jornada, hay momentos en que es importante distenderse. A diferencia del criterio de "relleno", aquí alguna actividad liviana cumple un valor estratégico.

Los momentos para distenderse con actividades más ligeras convienen al iniciar un bloque, luego de un *break*, después de una reflexión extensa o después de una actividad movilizadora. También antes de finalizar una jornada, cuando el cuerpo y la mente avisan que queda poca carga de energía. Esto ayuda a recomponerse. La cantidad de actividades y su duración dependen de muchos factores: características del público, complejidad de los temas a trabajar, manejo personal de climas y contextos.

Para entrenarse en el empleo de metodologías y dinámicas, es bueno preparar la propia "caja de herramientas" investigando, explorando y probando diferentes formas para lograr climas en distintos momentos.

La clave, sea cual fuere la extensión de la presentación a realizar, es el **ritmo**. La mejor forma de saber que se lo ha logrado es cuando sentimos que el tiempo pasa volando. Si vemos gente que bosteza, mira su teléfono o sale y entra a la sala, entonces tenemos indicios directos de que necesitamos cambiar el rumbo y recuperar la atención de las personas. Es un desafío de minuto a minuto. Es como aprender a pararse en una tabla de surf y lograr permanecer parados en ella. Al principio cuesta subirse, luego mantenerse. Pero al final se vuelve una experiencia maravillosa. Cada ola es diferente, pero todas están compuestas de lo mismo: agua. Así somos los seres humanos. Cada uno es diferente, pero todos tenemos pulmones, corazón, cabezas, etc.

A disfrutar…

TÉCNICAS PARA LA VOZ

Por Jenny Davaroff, fonoaudióloga, coach, artista

¿Cómo se produce la voz?

La expresión verbal, la voz (sonidos y palabra), se produce por la acción coordinada de varios órganos que se agrupan en cinco sistemas. Estos son: el sistema de soplo aéreo (o fuelle respiratorio), el sistema de emisión, el sistema de resonancia, el sistema de articulación y el sistema nervioso periférico central.

Cualquier palabra o frase que emitimos (nuestra expresión verbal) es producto de una serie de movimientos en los que intervienen varios órganos de estos cinco sistemas, que actúan regidos por el cerebro y que constituyen el aparato fonador, compuesto por órganos de respiración, de fonación y de articulación.

Como dijimos antes, la voz humana se puede comparar con un instrumento musical. Pero… ¿qué tipo de instrumento: de percusión, de cuerdas o de viento?

Sin dudas, es un instrumento de viento, y para provocar viento debemos almacenar y comprimir aire. Es decir, debemos respirar correctamente y, al hacerlo, no solo emitiremos bien el aire, sino que estaremos llevando vida sana a todo nuestro organismo tonificándolo en forma sorprendente.

Respirar es un hecho espontáneo y automático, y por lo tanto casi no le prestamos atención salvo cuando se presentan dificultades. Ahora bien, debido a distintas circunstancias la mayoría de los seres humanos producimos cambios en nuestra espontánea y perfecta respiración con que nacimos, entonces debemos reeducarnos de manera tal que podamos recuperar dicha perfección.

Pero, ¿cómo respiramos?

El aire es inspirado por la nariz, que lo adecua a nuestro organismo otorgándole la fuerza, la humedad y la temperatura necesarias.

Al entrar en nuestros pulmones, el aire que inhalamos entra en contacto con la sangre venosa (impura) a través de los alvéolos y produce su oxigenación (hematosis) transformándola en sangre arterial (pura). A mayor cantidad de aire inhalado, mayor cantidad de oxígeno, es decir, vida.

A todo esto, es el cerebro, nuestro órgano principal, el que más necesita estar oxigenado para poder funcionar a pleno, sin dudas y sin trabas. Entonces, el aire y la respiración son una prioridad.

Recordemos que nuestros pulmones (receptáculos del aire que inhalamos), tienen mayor capacidad en la base que en el vértice, debido a su formato casi triangular. Por lo tanto, es por la base que debemos empezar a llenarlos. Nuestra estructura ósea, en lo que al tórax se refiere, también coincide en su forma con los pulmones ya que su base, además de ancha, abierta por sus costillas falsas o flotantes, deja libre de todo impedimento la expansión total de nuestros pulmones. Este tipo de respiración se denomina diafragmática, puesto que el diafragma (músculo plano situado en la base de nuestros pulmones) se expande permitiendo así mayor entrada de aire. Esta forma de respirar se logra inhalando aire en forma lenta y progresiva, tratando de enviarlo hacia el estómago (diafragma). Al principio no es sencillo debido a que nuestra tendencia es inhalar con fuerza y hacia la parte superior (esternón), o sea levantando los hombros y el pecho. Los pulmones tienen dos movimientos: la inspiración, que consiste en la absorción de aire, y la espiración, que es su expulsión. La

Acceda al video mediante este QR
https://www.youtube.com/watch?-
v=-vi9SMEgdII

fonación se realiza en este segundo movimiento, que es más largo que el primero. En la espiración, el aire contenido en los pulmones sale de ellos y, a través de los bronquios y la tráquea, llega a la laringe.

La espiración es el elemento indispensable para la emisión de la voz; sin ella no hay sonido laríngeo. Debe hacerse de manera lenta y continua, pero variable en velocidad y fuerza según la necesidad del discurso, la acción refleja de los órganos de articulación, y las exigencias de las modulaciones y acentuaciones vocales.

Una vez que nuestros pulmones están llenos de aire, procederemos a la exhalación, que hará que nuestras cuerdas vocales vibren y emitan el sonido: la voz.

En cuanto a los órganos de fonación, la cavidad laríngea contiene a las cuerdas vocales que son el elemento clave del aparato fonador. Estas consisten en dos pequeños músculos elásticos que se abren y se recogen a los lados dejando pasar el aire. Ello es la respiración. Si por el contrario, se juntan, el aire choca contra ellas, produciendo el sonido que denominamos voz.

Hasta aquí hemos conseguido aire, hemos producido viento y hemos emitido sonidos, pero para que la palabra se produzca hace falta otro mecanismo: la articulación.

Se llama articulación al sonido que resulta de la unión de una o más consonantes con las vocales.

Hemos visto cómo está compuesto el aparato fonador; veamos ahora cómo funciona.

La secuencia de funciones de los órganos del aparato para producir la voz son los siguientes:

1. El aire es inspirado por la nariz, que lo adecua a nuestro organismo otorgándole la fuerza, humedad y temperatura necesarias.
2. Luego baja hacia la faringe, dividida en tres áreas: faringe nasal, bucal (garganta) e inferior.
3. A continuación, pasa para la laringe, órgano móvil, específico de la producción de la voz, en cuyo interior está ubicado el esfínter glótico con sus dos respectivos labios, a los que se denomina cuerdas vocales.
4. El aire sigue su camino por la tráquea antes de ingresar a los bronquios y llegar a los pulmones, órganos de características esponjosas, irrigados de sangre, que se llenan y vacían rítmicamente con la ayuda del diafragma, ubicado por debajo, que separa la cavidad torácica de la abdominal y constituye el músculo fundamental de la respiración.
5. Hasta aquí el ingreso de aire que, luego de cumplir su función vital de nutrición de oxígeno y descarte de anhídrido carbónico, comienza su retorno por las cavidades antedichas. De acuerdo con nuestra voluntad para producir la voz, el aire encuentra que las cuerdas vocales, antes abiertas, están ahora cerradas y dispuestas a la vibración debido a la orden del sistema nervioso central. Es importante tener en cuenta que la respiración consta de una inspiración o toma de aire y una espiración en la que se lo suelta, y es con este aire con el que vamos a emitir luego las palabras. De allí la importancia de la educación respiratoria. La vibración de los

bordes cordales es aumentada por la presión de aire, y genera en esta zona el sonido de la voz que luego es amplificado por las cavidades de resonancia (faringe, boca) hasta salir al exterior.

Ejercicios

Presentamos algunos ejercicios para realizar periódicamente que facilitan el cuidado de la voz.

Ejercicios de relajación

Imaginación activa: la cámara de video

Realiza las siguientes acciones, una a una, lentamente.

- Adopta una postura cómoda y cierra los ojos.
- Respira tres veces lenta y profundamente, concentrándote en el movimiento del abdomen y observando cómo sube a medida que el aire entra en los pulmones.

Acceda al video mediante este QR
https://www.youtube.com/watch?v=zjC-Cy5snRJg&t=124s

- Mantén ese aire sin realizar ningún movimiento, y tras unos segundos desaloja de nuevo el aire. Repite la respiración.
- Intenta abandonar las preocupaciones o tensiones acumuladas durante el día.
- Imagina ahora que eres una cámara de video y te dispones a rodar un pequeño cortometraje de tu cuerpo… Vas a realizar un recorrido, una exploración visual

desde los pies a la cabeza, despacio, tranquilamente, observando zona por zona de tu cuerpo a través de la cámara. Fíjate en la forma, el tamaño y la textura de cada parte que estés filmando e intenta captar el mayor número de detalles posibles... Percibe la longitud de cada dedo de tus pies, el espacio entre ellos, el empeine, la planta, el talón, los tobillos y poco a poco vas subiendo: pantorrillas, rodillas, muslos... No olvides filmar por detrás; espalda, nuca, etc.

- Una vez que hayas finalizado esta "toma general", concéntrate en la zona de mayor tensión e intenta obtener un primer plano de ella. Aproxímate todo lo que puedas con la cámara y mira decididamente, fijándote bien, pon mucha atención. Esa zona es la estrella de tu película, la protagonista. Trata de entender sus nervios y pídele que se relaje, que se tranquilice. Haz que se sienta importante y querida. Cuando percibas que ya no está tan tensa, dirige la cámara a tu rostro. Contempla la expresión que tiene. Observa tu frente despejada, tersa, sin arrugas; los ojos tranquilamente cerrados; los labios entreabiertos, sin tensión en la mandíbula. Observa la serenidad de tu rostro y el estado de tranquilidad en que reposa ahora tu cuerpo. Observa ahora cómo entra y sale suavemente el aire por la nariz haciendo que todas tus células se oxigenen y recarguen de energía.

Acceda al video mediante este QR
tps://www.youtube.com/watch?v=HF-
PlAUVGWOl&t=2s

- Quédate ahí, saboreando la experiencia durante unos minutos, y cuando quieras, respira profundamente un par de veces, estírate y antes de abrir de nuevo tus ojos, busca un título para tu película.

Ejercicios posturales

Parado, con los pies ligeramente separados y el peso del cuerpo distribuido por igual entre ambos.

Mueve los hombros describiendo con ellos círculos lo más amplios posibles (hacia arriba, atrás, abajo, adelante) manteniendo los brazos relajados a lo largo del cuerpo.

Coloca los brazos a lo largo del cuerpo:

1. Elévalos despacio, lateralmente hasta alcanzar la altura de los hombros, al mismo tiempo que inspiras.
2. Suspende la inspiración y gira las palmas de las manos, colocándolas hacia arriba.
3. Continúa la inspiración elevando los brazos sin doblar los codos hasta que las palmas lleguen a tocarse por encima de la cabeza.
4. Espira y baja los brazos hasta la altura de los hombros.
5. Suspende la espiración y gira las palmas de las manos hacia abajo.
6. Continúa la espiración mientras bajas los brazos a lo largo del cuerpo.

Ejercicios para relajación y agilización de lengua y labios

- Abre lentamente la boca tanto como te sea posible, con la mandíbula descendida y las comisuras de los labios separadas.
- Cierra la boca y aprieta los dientes (sin hacer demasiada fuerza).
- Con la boca cerrada, aprieta los labios hacia adentro, uno contra otro con energía.
- Separa rápidamente los labios mostrando los dientes todavía apretados.
- Vuelve a apretar los dientes (suave).
- Hincha las mejillas con los labios cerrados.
- Hunde las mejillas, sin separar los labios, pero sí los maxilares.

- Saca el maxilar inferior hacia delante, hacia la derecha y hacia la izquierda. Despacio, con suavidad.
- Con la boca en posición de bostezo, ábrela y ciérrala sin juntar la mandíbula.
- Con la boca abierta, saca e introduce rápidamente la lengua.
- Saca la lengua fuera de los labios, como para humedecerlos y pásala de derecha a izquierda, como el limpiaparabrisas de un automóvil.
- Con la boca abierta como para pronunciar la letra A, coloca la punta de la lengua en los dientes superiores proyectándola hacia fuera. De igual forma, repite el ejercicio colocando la punta de la lengua en los dientes inferiores.
- Saca la lengua como dirigiéndola para tocar la punta de la nariz.

Ejercicios de hombros

- Sentado, con el tronco erguido y las manos posadas sobre los hombros, efectúa giros rotatorios de codos hacia delante y luego hacia atrás.
- De pie, con las manos en la nuca, lleva los codos hacia adelante hasta que queden paralelos, luego llévalos hacia atrás hasta quedar como en cruz. Realiza este movimiento varias veces.

Ejercicios de tronco

- Sentado en el suelo, con los hombros derechos y los brazos caídos. Inclina el tronco hacia adelante, hasta tocar el suelo con los dedos de las manos mientras expulsas el aire. Levántate lentamente e inspira.
- Sentado en el suelo, con las piernas juntas, el tronco erguido, los brazos paralelos junto al cuerpo con

palmas hacia adentro. Gira el tronco a la izquierda hasta donde te sea posible (sin curvar). Regresa al centro. Luego gira hacia la derecha y vuelve al centro. Repite este movimiento varias veces.

De pie con el tronco erguido, pies ligeramente separados y brazos caídos

1. Inspirando, eleva lentamente los brazos hasta quedar horizontales al piso.
2. Gira las palmas hacia arriba.
3. Continúa la inspiración elevando los brazos (estirados, sin flexionarlos) hasta tocar las palmas de las manos por encima de la cabeza (pulmones llenos).
4. Espirando, baja los brazos hasta que queden horizontales (paralelos al piso), gira las palmas de las manos hacia abajo y continúa el movimiento hasta llegar a la posición de partida.
5. Realiza este movimiento varias veces.

De pie con el tronco erguido, pies ligeramente separados, brazos hacia delante del cuerpo con las manos unidas con los dedos enlazados

1. Espira el aire de los pulmones.
2. Inspira mientras se elevan las manos hacia delante, sin separarlas, hasta que lleguen por encima de la cabeza, lo más elevado posible.
3. Retén el aire.
4. Espirando, suelta las manos y bájalas hasta la posición de los brazos en cruz.
5. Continúa espirando hasta llegar a la posición de partida.

Ejercicios de articulación

Estos ejercicios sirven para agilizar y dar soltura a las diferentes estructuras: articulación mandibular, lengua, labios y musculatura velar a través del condicionamiento bucofaríngeo.

El sonreír durante la emisión ayuda mucho a una buena articulación, dando firmeza a los finales de oración.

Una buena articulación ayuda a la dicción, la intencionalidad y el ritmo.

Colocación correcta para las vocales

- **U**: labios proyectados hacia delante semicerrados. Lengua relajada en el piso de la boca, con el ápice apoyado detrás de los dientes incisivos inferiores.
- **O**: labios proyectados hacia delante en forma de trompa abierta. Lengua relajada en el piso de la boca con el ápice apoyado detrás de los dientes incisivos inferiores.
- **A**: labios proyectados hacia delante, formando el óvalo máximo en dirección longitudinal respecto del cuerpo. Lengua relajada en el piso de la boca, con el ápice apoyado detrás de los dientes incisivos inferiores.
- **E**: labios proyectados hacia delante. Lengua elevada en la parte media, produciendo un estrechamiento del tubo sonoro bucofaríngeo a nivel de los últimos molares, manteniendo la base y la punta de la lengua bajas, y el ápice apoyado detrás de los dientes incisivos inferiores.
- **I**: boca más cerrada que en el molde de la "E" y lengua más ascendida en su parte media, con el ápice apoyado detrás de los dientes incisivos inferiores.

Ejercicios con vocales

Repetir frente a un espejo:

Letra U: Úrsula usa humidificador en su lugar de trabajo. Ubicuidad era una de las virtudes de Hugo, un jugador virtuoso. Usa una uva para su ungüento. Con dulzura la novia zulú se cubría con el tul bajo la luz.

Letra O: opulentos hombres obstaculizaron obras. Osos ostentosos asustaron a mocosos y a adultos poderosos. Belicosos soldados optaron por ocultar los obuses. Ocho mozos gordos alzaron el tono de voz.

Letra A: Ana analizará los análisis antes de que anochezca. Abril abrigará las esperanzas acalladas hace años. Amarás a tu prójimo, se anima a decir la animada catequista.

Letra E: Everest es el pico que es verdaderamente el más elevado. Ese es eternamente vulnerable. Ezequiel es excelente y recibió merecidamente el estandarte celeste. Espero que me pague el cheque que me debe.

Letra I: iniquidad, iliquidez e inquirir son palabras que incomodan a Inés. Inocuo e inicuo tienen significados opuestos. Intrigantes, Irma e Irina interiorizáronse sobre irregularidades e imprudencias de las inquilinas.

Ejercicios de entrenamiento articulatorio

Estos ejercicios deben hacerse con movimientos exagerados de los labios y de la mandíbula.

Con diferentes consonantes y articulando con las cinco vocales:

- tra, tre, tri, tro, tru
- dra, dre, dri, dro, dru
- pra, pre, pri, pro, pru
  Luego combinadas
- tra dra pra / tre dre pre / tri dri pri / tro dro pro / tru dru pru

- Así continuar creando nuevas combinaciones. Por ejemplo descendiendo de la A a la U y viceversa. O alternando el orden, por ejemplo: pra dra tra, o dra tra pra, etc.

Trabalenguas

Acceda al video mediante este QR
https://www.youtube.com/watch?v=OS-Q6Vy8Fud0

El gerente diligente llamaba urgente al regente y un agente ágilmente vigilaba entre la gente.

En el clavijero clava clavos Clemente, y Clara clasifica clavos para un cliente.

Me han dicho que has dicho un dicho que he dicho yo. Ese dicho que te han dicho que he dicho yo, no lo he dicho. Y si yo lo hubiera dicho, estaría muy bien dicho por haberlo dicho yo.

Tres traviesos trineístas trineaban en tres trineos en un tramo triangular.

Parra tenía una perra y Guerra tenía una parra. La perra de Parra subió a la parra de Guerra, y Guerra pegó con la porra a la perra de Parra. Parra preguntó a Guerra: "¿Por qué pegas con la porra a la perra de Parra?", y Guerra le dijo: "Si la perra de Parra no hubiese subido a la parra de Guerra, Guerra no hubiese pegado con la porra a la perra de Parra".

Magdalena de Magdeburgo posee magna magnanimidad. El pragmatista interpreta las fórmulas pragmáticas del pragmatismo.

Obtuvo extractos del texto Sixto, y extrajo abstractos axiomas Calixto.

Transmite Transilvania transmisibles transacciones, trasponiendo trascendentes transparentes transgresiones.

Emisión

Impostación o colocación de la voz es la manera de lograr el máximo rendimiento vocal en todos los registros con el menor esfuerzo y mayor naturalidad.

Cuando empezamos a hablar, el ataque de la voz debe ser suave, sin golpes ni asperezas. Abrimos bien la boca con la lengua baja y un mínimo de aire, utilizando notas cómodas y relajadas.

La emisión correcta se basa en el buen manejo de la respiración; si es insuficiente tendremos sonidos rígidos, ásperos.

La articulación debe ser clara; la abertura de la boca y los labios es muy importante para una buena proyección de la voz, con una apropiada abertura del maxilar inferior que debe estar suelto y libre, así como el correcto adecuamiento de la faringe, lo que posibilitará una correcta resonancia y proyección de la voz.

Impostación o colocación de la voz

Se puede usar un teclado o instrumento musical.

Es conveniente comenzar la práctica vocal en la zona central de la voz. Los ejercicios pueden consistir en elevar la voz de a medios tonos en forma ascendente y luego descendente desde el centro hasta llegar por lo menos a una octava de extensión vocal, utilizando sonidos nasales como m, n o ñ en combinaciones con vocales: mimimim, mamamam, momomom, mumumummmm o combinaciones vocálicas: ui, ui, ui, ieieie, iuiuiu, ioioio, uoaou, aieia, aeiea, uoau. También pueden utilizarse glissandos con la letra U en forma ascendente y descendente.

Algunos consejos para una buena voz

- Evitar el consumo excesivo de alcohol y café: deshidratan las cuerdas vocales.

- No fumar: el tabaco es muy irritante para las cuerdas vocales y puede producir cáncer en la laringe.
- Tomar dos litros de agua por día hidrata las cuerdas vocales.
- Realizar actividad física: correr, caminar, bicicleta, natación, baile.
- Evitar cambios bruscos de temperatura.
- Evitar comidas muy condimentadas, irritan las cuerdas vocales.
- Realizar una dieta alimentaria rica en fibras y liviana.

BIBLIOGRAFÍA

Anderson, C. J.: *Charlas TED*. Paidós, Buenos Aires, 2016.

Aristóteles: *La Poética*. Gredos, Madrid, 1974.

Argyris, C.: "Double Loop Learning in Organizations", *Harvard Business Review*, Sept. 1977.

———: "Teaching Smart People How to Learn", *Harvard Business Review*, May-Jun 1991.

Berg, Y.: *El poder de la cabalá*. Kabbalah publishing, New York, 2000.

Brown, B.: *The power of vulnerability*, TEDx Houston, jun 2010 http://www.ted.com/talks/brene_brown_on_vulnerability

Capra F.: *El Tao de la física*. Sirio, Málaga, 1975.

Carter, J.: *The Comedy Bible*. Touchstone, Chicago, 2001.

Davaroff, J.: "La voz en el arte: canto y actuación". *Revista fonoaudiológica*, Tomo 41 N1, 1995.

Donovan, J.: *El método TED para hablar en público*. Planeta, Barcelona, 2013.

Echeverría, R.: *Ontología del lenguaje*. Granica, Buenos Aires, 1994.

Ekman, P.: Atlas of Emotions 2016 http://atlasofemotions.org/

Gungorn, M.: *Historia de dos cerebros*, YouTube, www.2010 https://www.youtube.com/watch?v=T72zH48GmPM

Heidegger, M.: *Ser y tiempo*. Planeta-Agostini, Barcelona, 1993.

Maslow, A.: *Motivación y personalidad*. Díaz de Santos, Madrid, 1991.

Maturana, R. H. y Varela, G.: *El árbol del conocimiento*. Debate, Madrid, 1996.

Mehrabian, A.: *Silent Messages.* Wadsworth Publishing Company, Belmont CA, 1972.

Mura, S.: *La dinámica articulatoria.* Editorial Puma, Buenos Aires, 1994.

Nietzsche, F.: *Así habló Zaratustra.* Alianza, Madrid, 1972.

Occhiuzzi, F.: Tedx Córdoba, 2011 http://www.tedxcordoba.org.ar/francisco-occhiuzzi/

Plutchik, R.: *Theory, Research and Experiences,* vol. I: *Theories of Emotion.* Academic Press, Nueva York, 1980.

Reynolds, G.: *Presentation Zen.* New Readers Publishing, Durban, 2007.

Segre, R.: *La comunicación oral. Normal y patológica.* Ediciones Toray, Buenos Aires, 1973.

———— y Naidich, S.: *Principios de foniatría.* Ed. Panamericana, Buenos Aires, 1981.

Walsh, N. D.: *Conversaciones con Dios.* Editorial Grijalbo Mondadori, Barcelona, 1997.

Tsunetomo, Yamamoto: *Hagakure. El camino del samurai.* Quaterni, Madrid, 2015. http://www.oshogulaab.com/ZEN/TEXTOS/HAGAKURE.html

Uri, William: *Supere el NO.* Norma, Bogotá, 1993.

ACERCA DEL AUTOR

ARIEL EDUARDO GOLDVARG
Coach Ejecutivo & Speaker Trainer

Ariel es una persona multifacética, profundamente comprometida con el desarrollo del potencial humano. En ese sentido lleva más de 15 años entrenando líderes y equipos en organizaciones de primera línea de Argentina y más de veinte países de Latinoamérica. Ha formado y mentoreado coaches y participó como docente en programas de habilidades directivas en importantes universidades y escuelas de negocios en Latam. Es Associated Coach at CCL (Center for Creative Leadership, USA) y partner en The Goldvarg Consulting Group, Argentina. Conferencista y entrenador en oratoria para altos ejecutivos, políticos y figuras destacadas en ámbitos sociales, artísticos y deportivos. Es orador y coach en conferencias TEDx. Miembro del comité directivo de ACLAT (Asociación Argentina de Conferencistas de Latinoamérica). Posee un Master of Science (Swiss Business School). Tiene una especialización en management estratégico de RR.HH. (California University, Irvine). Coach Ontológico (ICP) y Professional Certiffied Coach (ICF). Es neurosicoeducador (AE), locutor Nacional (COSAL) y estudió Dirección de Arte. También es músico, meditador y fanático del chocolate...

www.arielgoldvarg.com
Ariel@arielgoldvarg.com

CPSIA information can be obtained
at www.ICGtesting.com
Printed in the USA
LVHW050713290520
656821LV00005B/211